盛岡藩の武術

小野﨑紀男

はじめに

国を治めるというか、政（まつりごと）を行うには兵法が必要であった。初めは狩猟などの道具であった物も武器化して、その武器も製作・用途にも変化・発展することによって武芸化されて、更に使い方・方法などにも工夫を凝らし、色々な流派を生じるに至った。

江戸時代になると、天下泰平となり武器としての使用はなくなったが、武術は武士の嗜みとなり、六藝〔禮（礼儀）・音（音楽）・射（射術）・御（馬術）・書（読み書き）・数（算数）〕として重んじられ、武芸百般と称され普及した。

盛岡藩（南部藩）に於いても藩主の奨励もあって、藩校「稽古場」（のち「明義館」）を設立するなどして、学問・武術が盛んに行われた。

しかし、明治維新となり禄を失った武士達は、日々生活するのに精一杯で、西洋文化の流入に伴って武術は廃れ、継承する人も居なくなってしまった。しかも、度重なる戦争、災害などによって資料および道具も失散、焼失などしてしまった。

盛岡藩においても同様であった。そこで、どのような武術流派があって、どのような武術家が居り、どのように伝わったかなど、つまり（記録・資料など皆無に成らないうちに）、武道史および武道文化を後世に残したく、現存する資料を基に纏めてみました。

目次

第一章　盛岡藩について（三）
第二章　兵学（五）
第三章　弓術（三一）
第四章　馬術（六二）
第五章　剣術・居合術（一二六）
第六章　長刀術（一七〇）
第七章　槍術（一七二）
第八章　砲術（二〇八）
第九章　柔術（二七〇）
第十章　棒術（二八七）
第十一章　鎌術（二九三）
第十二章　手裏剣術（二九八）
第十三章　総合武術（三〇〇）
【盛岡藩武術関係年表（三〇三）
参考文献（三三三）
あとがき（三三四）
表紙絵は、『心眼流剣術巻』首巻の図より（もりおか歴史文化館蔵）

第一章　盛岡藩について

盛岡藩は、陸奥国北・三戸、二戸・九戸・閉伊・岩手・志和・稗貫・和賀と鹿角の十郡を領有した外様の中藩（のち大藩）である。南部藩ともいう。天正十八（一五九〇）年七月南部信直は、豊臣秀吉の朱印状によって南部内七郡を安堵（十万石）され、近世大名としての存在が確認された。

藩祖信直のあと、利直――重直――重信――行信――信恩――利幹――利視――利雄――利正――利敬――利用――利済――利義――利剛――利恭と十六代にわたって在封した。

武芸専修の稽古場を明和八年設立し、天保十一年「明義堂」と改称し文武専修となった。勿論藩士の教育を目的とし、教科内容は、漢学・国学・洋学・数学・兵学・馬術・剣術・弓術・柔術・医学であった。

学校名については、藩立学校は天保十三年「明義堂」と名のり、慶応二年「作人館」と改称し、文武医の三学科に分け文学館を修文所武術館を昭武所医学所を医学館と唱え、天保以前は「稽古場」と唱えて名称を付けなかった。

盛岡藩に栄えた流派を見ると、（時代の変遷は別として）

軍学は、謙信流、甲州流、長沼流に楠流

槍術は、宝蔵院流、樫原流、新当流、大滝流、円伝流、鏡智流、種田流

剣術は、柳生流、心眼流、新當流、戸田一心流、小野派一刀流、北辰一刀流、
　　直心影流、大和流
和（柔術）は、諸賞流、関口流、不変流、倉馬流、柳生心眼流、荒木流、
　　石尊真石流
棒術は、無辺要眼流、不変流、倉馬流
長刀術は、意明流
縄術は、諸賞流、柳生流、関口流
居合術は、田宮流
弓術は、日置流印西派、道雪派、吉和流
馬術は、行信流、大坪流、一和流、心強流
砲術は、心的妙化流、稲富流、一火流、赤松流、荻野流、中島流、高島流、
　　種ヶ島流、西洋に実用流、更に未明流
陣太鼓に至るまで広く行われていた。　　（『盛岡藩古武道史』）

第二章　兵学

兵学は、兵法、軍学、軍法ともいい、用兵・戦術に関する学問である。戦闘に出陣するに際して将たる者は軍中の士卒が守るべき規律として軍令を定め、軍令を犯す者を処断する法を軍法と称した。

流派は、大きく甲州流と越後流に分けられるが、その流派と始祖は、甲州流（小幡景憲）、北条流（北条氏長）、山鹿流（山鹿義矩）、越後流（澤崎主水）、氏隆流（岡本宣就）、謙信三徳流（栗田寛政）、佐久間流（佐久間立斎）などである。上杉流、謙信流、謙信三徳流、越後流、甲州流、信玄流、山本勘助流、楠流、北条流、佐枝流、佐久間流、長沼流、山鹿流などと多くの流派が存在した。

盛岡藩には、謙信流、甲州流（信玄流）などが伝わった。

第一節　謙信流

謙信流という軍学は、上杉謙信を流祖とするもので越後流とも称し、宇佐美伝（宇佐美駿河守定行）・加治伝（加治遠江守景英）・日本伝（上杉民部大輔義春）に分派して広く伝わった。

謙信流とは、上杉謙信を祖とする兵法で、越後家伝、越後流とも称した。のち日本伝、宇佐美伝、加治伝の三流派にわかれた。

盛岡藩へは、加治伝系統の佐久間景忠に学んだ勝木宗徳より伝わって、越後要門流とも称した。

盛岡藩士勝木宗徳は、始め榎本宗影、能休といい、駿河の人。江戸に出て将軍家の御与力、謙信流の軍学者。寛文年中に南部重信公に軍学を以て召し抱えられ二百五十石、勝木氏に改めた。竜賢、晩年致仕して宗仙と号し、享保二（一七一七）年六月没した。永泉寺に埋葬。

○上杉謙信――加治景英――加治景治――加治景明――
沢崎景實――佐久間景忠┬佐久間景矩
　　　　　　　　　　├市五郎兵衛景難
　　　　　　　　　　├成田治部入道景継
　　　　　　　　　　└勝木藤兵衛宗徳――
勝木治部左衛門能堅┬嶋田弥平善重
　　　　　　　　　├矢羽々小助正武――矢羽々小助景武――
　　　　　　　　　└見坊勇徹厳景兼┬小向才右衛門景暁――
　　　　　　　　　　　　　　　　　└是川右衛門景屋――
宇夫方総右衛門廣隆――作田理太夫安敦――新田左兵衛政文――

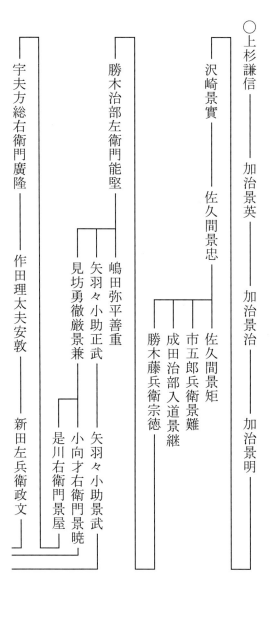

新田庄左衛門季保 — 是川清吉

小向四郎兵衛景紀 — 小向周右衛門梁 — 臼井直左衛門健将

多賀長識

平館勝義

田土五八郎

佐々木源三郎世元 — 赤松柔三郎則陽 — 萩野弥七郎長

漆戸深渕成昌 — 小向潜龍胤 — 新渡戸湛泉維民

栃内與兵衛逢吉 — 太田平市孝

川口順左衛門景康 — 鈴木恰景致 — 小田嶋半景卿

荒木田弘司景充 — 長谷川源内景智 — 中原武景穀 / 見坊求馬景聴

荒木田辰之進景寿 — 葛西図書景績 — 毛馬内伊織直記

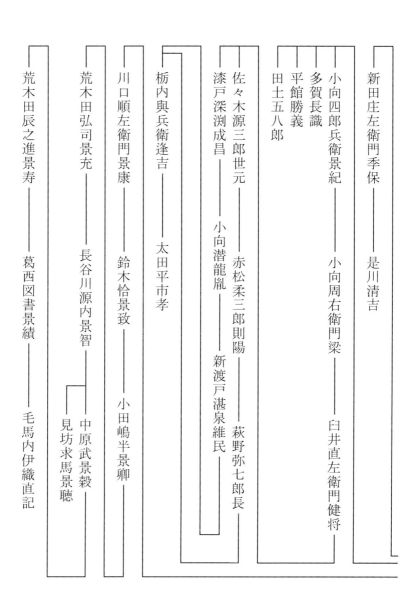

【流儀ヶ條】「謙信流兵学」栃内与兵衛

一、磨心
一、等格
一、必竟
一、両傳
一、軍禮
一、聞得
一、免許
右之通

「謙信流兵学」毛馬内伊織

一、磨心
一、等格
一、必竟
一、両傳
一、聞得
一、免許
一、三采切紙
右之通

（見坊景兼師、もりおか歴史文化館蔵）

【伝書】『武見傳（景忠聞書）』　（もりおか歴史文化館蔵本）

一、夫武見は合戦勝負之決定士卒之死生此見察に有故に要門至臍に達し融通三昧之非機未萌之気を難通了可敬。

大物見

一、惣人数一万之大将は武者を撰て二百騎程も馬足軽に可用左持筒弓長柄等式法に可準二万之人数三万之人数其外押て可計。

一、押前行伍を以面談に解之送足軽扣足軽迎備口傳。

一、諸具指物に心得可有事。

一、馬口轡之事

一、右行左帰は軍禮也。

一、遠目金石筆之事。

一、相図之事。

一、與頭之事。

一、要害は山川池沼陰戦地備芝所順逆可心得事。

中物見　附與頭

一、地形嶮難に依大候難懸小候は伏陰の難有て難行所を中物見を以決五十騎以上と云共二十騎之将にても其器に可依。

一、窺之斥候者一組を手分して竪横を見切相図を定て又如元集る伏兵嶮難行詰る節は虚旗之相図左也。
一、遠は狼煙並つなき相図事。
一、近は扇並馬之事。
一、虚旗之事。
立合候　第一相図附與頭
一、一人に而見決かたきに三人出る事也。三人出三筋に別又一つに集る事是御持筒頭御持弓頭昇奉行より勤る也。
小候　附與頭
一、一騎を乗出し形を隠し敵の形勢を見切を要とす中候近く寄て難見故に小候懸敵近寄懸引自由自在成が故也。
一、第一陰陽虚實之事陰の位は静也。陽の位は動也。
一、陰に虚者實有陽に亦虚有實有動静虚實と蹈へべし。實は地を〆真黒に見へうつむく虚は動く地を〆す人数あをのく物也、白黒の見分有。
一、強敵の弱敵と云は血気の大将は懸る計にて謀なし強く見せて必竟〆りなきは弱し。
一、弱敵の強敵有いさみ不進して退或は備を堅て不懸はふみしめたる所有強敵也。
一、敵間町積並目印之事。
一、備の人数積は常に町間を見定可知一歩一人立之事小屋は一万の人数は百五六十間四方。
一、押来敵去来を知るに品々見様有と云共必竟近く寄て可決（高より低きを見下す時は人数薄く見ゆる物也。下より上見る時は人数厚く見ゆる者也。）

一、懸る敵は先動く目付使番乗廻る者也。
一、除敵は先不動して後動。
一、待敵は浮勢を乱し旗動。
一、退敵實は繰引虚は散乱す。
一、直崩は下知を不用倍卒先。
一、虚逃は兵士先にして下知を用。
一、伏かまりを知事山の敵浮勢を麓へ下すは必竟誘也。場吉を捨て逆地に備合戦を始るは難心得大敵に小敵を以軽々と向は必裏切有浮勢を進或は大候進は誘と可知。
一、人馬の足跡鳥獣のをそれあやしむ或は郷人倍卒之振返々々見るは難心得。
一、落穴は草土植木或は新道又は野山の迯道に可心付。
一、川堀の深さを知るには縄を以す左浮鎮の事。
一、浅瀬深瀬を知るには夜中水練を以可知付岸境必心を可付。
一、大将士卒に紛るを知は指物なく立物之事引取に必先懸るに跡又指物なき武者つんほう武者と云、小荷駄方の武者等に有之者也、可心得。
一、火は行火来火有陣中野山の火夜討の火は左にして右を討事軍禮也。惣而夜火にて見には火より脇に而可見切。
一、陰の物見には火打石付木小筒弓を可持常昼之内心懸可見置山田木川沼左か右かに必心を可付。
一、深草虫の聲諸鳥惣て難心得所は近く行詰て決肉心を離る事併野陣の要害必乱抗逆茂木菱等を以要害とするは軍之常也。肉心身を離て可心得。

一、敵を可討時を知事、敵遠路を来陣を取時敵備を取堅めさる時敵兵粮を遣時敵地の利を得ざる時敵の同勢不續時敵嶮難の地を過る時敵の大将士卒に離時敵甲を抜て休時敵物に恐大風大雨地震雷黒雲烏鳴或は陣替の時以上小箇条者必大将え注進すべし、味方も亦是に返す。

一、見斥候は目付使番之役也。何も兵道不知難勤と可知。

地候　合戦之勝負は地形左大切也。

一、山谷水深橋多き所陥井地四方より水の落合細道多所泥深田左右狭所溝掘森林薄草深茂り懸引難成所右此余は是に準て可知ケ様成所は押前にては早く通り合戦場にてはそまつに合戦不可始若又変に逢時は必死に成て早く切抜敵を逆地に引付可討取又謀に用る事も有口傳。

右大中小之武見自他共に不許所也。依之敵の見決計にあらず心懸の専一也。物は油断より発る故に兵道を不知而不叶役也。左他の物にあらず武門之家業也。慙を可知今此家に生たる事誠にかまさかの果界不成や身にはたへなる年波をたゝめ共大成誤を不改すまし㒵して一生を空く過さんは愚成生界也、可愼々々。

上杉謙信輝虎朝臣

要門的傳十五世

権征軍師豁達豪弼

天保十五甲辰歳七月吉祥日　　栃内與兵衛逢吉（花押）

上

【伝書】『兵道口訣』　（もりおか歴史文化館蔵本）

日本傳口事

武士道要倭語傳上古より雖有之世に弘る所堅く密相之陰に隠れて然に上杉輝虎北海之邊境にかかりに出、其武尊現輝虎不出日之国之軍器之徳於今可隠し日之国之武威之高徳可尊崇し不測之縁に因て神武之天に傳る所之武書を拝下し号日本倭語之傳と後英之武士の為に旧典を転じて二十二巻と顕し其大本に三箇之口事有と云へ共一子相傳にて一生口を閉て不説況哉。門外に向て必不可唱、予景忠一子雖有之三歳之幼児也。此故に日之国軍器三之徳此後又隠事を悲て貴方景継に相傳所御憧殿之傳也。仍誡戒如件。

先旧典轉て軍法大本

国政傳は武略弓箭冥加之本心に元着国を守護す。天真自然之六冥行万悪之根七ヶ條を立て善悪之根を糺し国病良剤武者の格式諸将を撰て闔は城取天之矩に叶縄張し弓箭之調具全く而万機之本直に而国政を保養し三俗を立て四道を開国民繁栄を本とし祭りには社稷禘三節不怠奉修可慎存養事。

将権傳智略之巻将之實相衡鑑之十文字を差挟み武者之鍛錬敵形勢未萌に通了し乱世には三軍を師て三つ之采幣を以て衆義一味之計策をめぐらし合戦には闘諍拒征之巳か働を知る事。

司令傳執権は三明之智を開き国家命根之政取行合戦之勝實武士道家訓五ヶ之眼附武具調法鐙前取合之メり人天地と膚を合せ国将司之三つに止也。其根元詳成事左之記

先護法　次照命　次清浄祓

卍

一、日之国傳来所之神法兵道根元は天照太神より第三瓊々杵の尊を為倭朝之兵道大祖。
一、此皇御孫尊則此葦原国之荒ら振る神達を奉り平け時に其比経津主尊（香取明神）武甕槌之神（鹿嶋明神）為先手之大将天照太神より武器を免じ下し玉ふ、是則人王之大祖に而代々天子に傳る所之神器に而正直之神霊を備へ慈悲之宝劔を以て賢哲之義臣を先手之大将と定む。是倭朝之掟に而天下泰平也。泰平に而国治り国治て豊か豊に而人安し日之国の大平根元也可慎。

神器曰

神霊は神の卯に而正直之神也。面向不背に而冥灵也。顕蜜口傳
宝劔は邪悪を制し国民を安し豊に納む慈悲之劔也。邪道国民制法治乱共に正す。顕蜜口傳
内侍所は萬代不易に而無巧み黒白を現し義理を正しく暫を智り邪正を分つ根元也。顕蜜口傳
右三箇之大事三つ之采幣切紙又其奥秘傳也。顕蜜之口傳有必疎意に仕間敷者也。

宝永五戊子天十一月

佐久間頼母助入道景忠判
成田治部徹翁入道景継判
権征軍師湛政剛弼
見坊勇徹岩景兼判
権征軍師周政剛弼

明和八辛卯歳正月十五日　　小向才右衛門徹融景暁（花押）印

小向周右衛門殿

【伝書】『亜門蘊奥篇目』（もりおか歴史文化館蔵本）

要門之書二十二巻於其秘訣奥傳也。先師往々増加以餘于百軸矣。梁分之以為内傳外傳其意詳序内傳正解也。後生大乘有述作者則勿列外傳而加内傳矣。

内傳

押前制法　備矩傳　遍唱　因結采配　具足著初

軍禮　七冊　庵敷　虎豹　満字縄　七足変唱

鋒度　鐺前壁書　制條鑑　船制　備立決得

勝建　薬法　高上翕提　免許状　軍官

獅憤　三軸　三禘　正統的傳

以上通計二十四矣。要門之傳授所以極盡也。

御憧之写　大祖尊像　景英像　景忠像　景兼像

澤崎印獅憤的傳

右属内傳

外傳

加治三師著述

景英捨書　川中嶋大合戦図　老師物語　屋形号覚

兵談所免許　九字護身法　城取四図
澤崎師著述
真九変　九変的證　三采配極秘　満字法傳
陣算割　同間坪割　融通三昧　極撰之註書と云、極撰要鑑抄今世不傳
石融師著述
謙信流書上　要門大意　守尊拝真　武禘調楽七段法
虎豹口傳　武候傳聞書　五将論表裡口訣　融通聞書
納煎煕折紙　同切紙　同書入　一騎武者陣具
組討免許　師撰要禄　修羅前七芝居　国政極秘
兵道日本傳口訣　四種大乗　貝太鼓巻　玄城巻
同相承聞書　城取満字大切紙　城取口傳渡極秘　城取切紙
馬出図　縄張七枚　蟄亀利縄　陣取図
旗本陣取　旗本備図　同武者押　端陣取
船積　三百騎備立　諸手押前　四町掛図
相陣取　発備合戦仕寄位　組頭小屋　要門綱目
獅憤新傳　兵道秘密　具足緘住文
徹翁師著述
當傳発起　武改真亥掛物　司卒両令　五将論明衡掛物
膚團　武将用権　首實検図　明戒
竜誓條　諫誓詞　手組傳口訣　諸手押前

五町掛　備積附札　縄張　大倭論語
明愚家訓　要門的弼代々明戒　貞忠役鑑　家守己心保養
日用壁書　荅門人書　原忠和語抄　山下幸内言上了簡違言
徹岩師著述
薬法書入　鋒度遍唱註書　縄張　虎豹口傳聞書
合戦仕寄位変仕傳
徹融師著述
執権器解　城取傳注解　決得解　獅憤解
縄張三枚　備積　一幡格法仕寄次第
湛融師著述
要鑑抄聞書　備積　分間縄
縄張十七枚　押前制法聞書　因結采配聞書　津田勘七傳来書四冊
豹尾梁著述
要鑑抄正解十冊　内傳正解三冊　蘊奥篇目　獅憤正解古法
野乗　秘奥口訣集　外傳抜考　和言正標
勝建増注　薬方増注　構配述　単的外筆
勢越　兵制　壁則　委積
陣営備立　騎歩備組　船積　縄張
武間寸町図
翫古逢吉著述

四種古傳口訣問答　　四種内外古傳口訣問答　　城取古傳口訣問答
単的古傳口訣問答　　納煎熙古傳口訣　　五大法深重後重口訣
諸秘訣　　春日山秘像写序跋　　軍禮正解増註
船積口訣　　勝建巻古傳増註口訣　　具足着初巻正解増註
内傳正解増註　　外傳正解増註　　要門極盡秘訣
三諦秘訣　　艨艟製作辨並図　　要門秘奥口訣後編
梵字書法　　要鑑抄正解増註十冊　　師家必用

【伝書】『亜門内傳正解』（もりおか歴史文化館蔵本）

具足著初作法
　是身護之禮節也。
先帳内章
　帳内は帷帳之内也。閫間に打幔幕謂之帳内。
下帯章　下帯の事古法手綱と云
肌著章　肌着の事古法小袖練貫中帯の事下帯と云、爰にて脛巾を用ふ。是下脚半也。次に乱髪鉢巻烏帽子を著す事古法也。
水袋章　爰に示す者は書写の謬のならん沓は軍神に備てこれを頂戴して播ふ末に在の足袋は革足袋也。水は沓也字之誤沓は謂毛鞜也。
小袴章　小袴は即ち化粧袴也。古法此具なし、下袴を著す也。次に乳陰天衣を著す、是亦古法には無き也。

脇指章　鞢を用る事夏は用ある時に用ひて常には用ひず。脇指は帯副也。古法鞘巻也。鞢は騎馬鞢也。

羽織章　古法此具なし。羽織陣羽織也。

太刀章　古作法中軍師神前に向ひ具足親上帯の前へ伺使して横に着座す帳控は敷居外二の間に列座左右介添役右に准し相列す。軍師七足変唱修行檀上の軍扇を下げ奉尊を拝す。軍扇を納め具足親の次に列す。軍師にて具足親兼る時は上帯の前へ伺候する也。

次表座章此作法を以大将出御前荘厳して而して軍師罷の出陣神灌頂の式を為す。

鎧飾章

甲箱章

肴組章

廣蓋章　乱髪す玉ふ時は大将奉尊を拝し入御す玉ふ時右介添の内一人水冠相下げ随従して帳内へ入る也。

廣蓋床内章　口傳子帯は太刀を付る具也。然共帯取のある太刀には用る事無し、打刀に而巳これを用ふ、故に古法には此具なし而して古法は弦巻火打袋鞢袋等相添ふ。道具は謂所脱之陣羽織也。

母衣章

床机章

大将出座章

床几を直章　二の間より持出座上東向に上大将腰を掛玉ふ処にて兜は箱の上へ上頬當を水冠の廣

蓋へ上袖は上帯の廣蓋へ上小手佩楯同断何れも右介添のする処也。作法順列次に在り。

膛當章

脇指章

羽織章

佩楯章　古法此具なし。膝鎧小手大口鎧直垂腰帯と著す玉ひ真座の袖馬手の方は肩へ捲り揚て括り弓手の方は腕首にて小手の上より括り夫より脇當手甲と著す玉ふ也。

水冠章　水冠は鋒巻也。古法乱髪ゆへ帳内にて召す玉ふ也。

篭手章

袖章

頬當章

甲章

鎧章　胴鎧也。

大将章　軍神之歌宜唱上帯。

セメコハシ章　攻幹は合曳緒これは古法に云処今高紉と云。

高緒章　高紉と云は古法に云処今合曳緒と云。結高緒具足親之役也。

上帯章　師は軍師也。爰にて軍神の秘歌を唱ふる事也。古法此所にて頬貫召す玉ふ。

篭手章　古法鎧直垂の前に召す玉ふ。次に喉輪あるきは爰にて具する也。

袖章

面頬章

甲章
大将軍師章　智恵は智穢之誤也。
母衣章
太刀章　帯取あるには八干帯入らす。次に脇指上る古法鞘巻。
鎧筥章　古法唐櫃
大将床几章
床机章
大将御本尊章　頂戴檀上の御沓者謂為頂戴軍神之御舃而履之真似也。
大将采幣章　軍神咒文在七足変唱。
大将章　摩利支天咒文曰唵摩利支曳莎婆訶。
大将弓箭章　檀上に在る所の弓箭也。
次大将章　鳴弦修し畢て先つ箭を渡し玉ひ床机東向に上軍師大凡閉て修し而しめ後弓を渡し玉ひ右介添これを請取右弓箭を檀上へ直す也。向鬼門唱此竹之歌為弦打蓋是要門鳴弦之修法也。鬼門東北之間。
床机章　東側南向に直す。
大将御腰章　此時着座衆罷り出御禮あり而しめ御右の方へ列す。御摑振称挙あり。落間謂上段之下也。提銚子床脇より下ける也。下知は軍師のする所。
師向章　瓶子の口を取て擊け供しね奏白する事也。
師酌章
酌銚子章

師御肴章　左介添にて三御土器御肴組具足親の前へ直す。牀机外す玉ひ牀机左介添にて下ける夫より三土器の内の土器にて先つ具足親三献頂戴献じ奉り三献受玉ひ組土器の下へ敷童子具足親打炮差上此節御酌相加り二の土器取上玉ひ三献受前同断敷童子具足親勝栗左上御酌相加り三の土器取上玉ひ三献受前同断敷童子具足親勝栗左上御酌相加り三の土器取上玉ひ三献受組土器の上へ置玉ひ具足親悦昆布差上本座へ退下、此節軍師右土器を頂戴する事左に示す如く也。右指討蚫勝栗悦昆布云。

土器章　此時具足親並軍師二の御間左側に列座す。左介添にて牀机御床正面に直す。牀机に腰掛玉ふ。

奏者章

大将采幣三拝章　北斗文亦在変唱。

大将章　脱く意にて沓を取載き右足より左足と両足踏戻し相上へ直す也。

左介添章

大将上座章　牀机を上右介添にて兜脱き奉り兜箱の上へ直す。頬當喉輪水冠何れも介添の役にて脱ぎ奉り廣蓋へ直す。但水冠を脱事古法これ無し。烏帽子引立其儘着座す玉ふ也。

御太刀章

御座章

御吸物章

御盃章

御肴章　魚勝魚也。謂田作也。吉祥者先勝而討亡逆悦之謂也。所以含帰陣也。

家之子章

大将鎧脱章
右介添章　先御帯副奉脱小姓へ渡す事左介添の役也。次に御上帯解き奉り廣蓋へ直す。繰締緒合曳緒高紉と解き奉る事介添の役、次に胴鎧袖小手の儘佩楯臑當脱き奉る事同断。御帯副上る事左介添御陣羽織上る事右介添。
右介添御鎧章
大将帳内章　御太刀持及び右介添共に随従する也。入御の上御召替御禮服被為召帳内より出御神前御拝し入御す玉ふ。此節御具足親並に軍師御帳控右介添左介添共に二の御間に列す罷り在り大将入御の上檀上荘厳相納る也。
軍師章
面々章
饗応章　御交會とは帳内より又其の座へ御出座ぞ有事を云也。
次之座章　料理吸物御酒肴等時の仕合に因るべし。
列座章　三人七人五人の外具足親一人軍師一人着座に加はる事也。何れも武功の忠臣を撰ぶ也。
介添章　右介添二人左介添二人外に規式帳控総掛りの者一人大目付横目の内より勤む。其他大小諸役人家々の格に応ずる事也。
御祝物章
御具足之章
軍師へは御太刀章
御列座章　中紙中折也。謂鼻紙也。
御祝物進上章

具足親章
軍師より章
家長臣章
者頭章
奏者番章
表座床図章　白木大机を用ひ新菰敷燈明は油火略式蝋燭も吉。花は松緑菊椿の類、尤古式は知剱草を用ふと云、知剱草はちかやの事、上帯の廣蓋へ古式の節大口鎧直垂腰帯等も載て置。
此巻章　鏡餅は二重也。毛沓は沓臺へ載て甲箱の後口へ置備ふ也。慰斗肴組は脇床へ置也。何れも公饗也。銚子堤も爰へ飾る也。三種肴組は向二つの内右は打蚫て左は勝栗五前の方左は悦昆布三同右は白塩中央は三土器也。何れも肴は足付小額塩は瓦盛杉形にして臺は曲物を用ふ。

【伝書】『五大法』（もりおか歴史文化館蔵本）
此要門に初に国家鎮護役挙て武略智略とす。武略は即勝速日の心法なり。智略は是神武天皇の聖智なり、之に體用あり、その體用の中體は體にして用に正の働を揚く、其正に就て社稷保全を興すなり。国家はあらはれたる器界なれば現行のままにして能事畢れり。社稷は既に鬼神にもとつく是神武の霊時を建たまふ故巌阪ひもろきと云も既に是なり、鬼神神祇の冥助をからさることをえす。畢竟は真照に二字たるべし。此真照の二字遂に究竟正命冥照の等到現となるべき事推量りて知べし。是故に保全の邉に至りては神明の真照と究竟の正冥なきに非れば保全の大用に於るとほしきことなしと知るべし。大将の灌頂に五大法あり。其一は神也。

一に曰、印（手印なり）明（真言なり）此緒の印にかなふて手に印を結はす、口に真言明咒を誦せすして神明佛陀の内證（内證とは形にあらはれず三密に證する密證を云）に到る秘法これは神の一字にあり。易傳に聖にして測り知べからざるを神と云とありて情識の至ることあたはさる境界也。即ち大圓鏡智の境にして東方発心（梵）字なり、この境を真照を以得るときは挙足下足皆是印明出言談語即是明契にして別に豈印明をからんや。神明仏陀の自内證の三昧こヽに外ならすとしるべし。是要門の大将たり創業の明君也。次に威なり。

二に曰、敵にこぶしを震ふて大勇を動す法これは威の字に於て別に其分辨を費すに堪すといへ共金剛界の五佛に配すれは（梵）は東方の阿閦（此云不動）にてこれは南方宝生に此威を配す。即ち（梵）字なりこの（梵）字は如々真如無為の境界にして無為にして治るものは聖人かと云に同く阿閦の異熟八識変して圓境智となるが如く第七末那（染識なり）轉して平等性智を護得せる今日の大将剛弼ともに共に依怙なく偏なく黨なく平等に住するときは末々小荷駄の者共に至るまで自身と同性同體なり豈得不振大勇拳哉。次に照なり。

三に曰、日月と光を同くして萬物を恵むとこれは照の一字より起りて即ち西方無量壽佛観自在王如来のたヽちより第六意識を轉して妙観察智（梵）字の三昧光明偏照の照の字を基とし摂取不捨のめぐみを以て超日月光佛の名号によせつヽ萬物を慈救し恵施するの大法なり。大将若この智を具足せざれば四大海水灌頂の輪王とは云べからず。此段の秘義悉く口訣面授に附す、筆紙の及ぶ所に非ずとしるべし。真照の照の字もこゝに起るとしるべし、秘すべし秘すべし。次に智なり。

四に曰、文学に便らすしてしかも大なる智恵を発起せる法これは智の一字より発起せる所にして密部より之を準ずれば北方不空成就佛の前五識（眼識、耳識、鼻識、舌識、身識）を轉じて成佛の時に成事智とも成所作智とも云へる。智を獲得し玉ふ（梵）字の三昧にしてこの大智発現するときは更に些少たる記誦文字の文学を鍛託し用んや。既に要門中にも儒者をば医者僧道と並べ挙たるを以ても知るべし、元より此成事智は成佛の上には従前の五根皆変じて不可思議なること二乗小菩薩の知り測る所に非ず、漸く今の要門修行成就の大将も三の采配成就して此に至ん事は真照の正冥より五大法灌頂の等到現を祈願せんのみ。次に財なり。

五に曰、摩屋より萬宝を生ずる法。大僧都は南都薬師寺大徳法師をわざ〳〵越後まで呼下したまひ五重唯識の奥義を傳へ玉ふのみならず上京にて公方様謁見のころは嵯峨大覚寺御所にて大阿闍梨灌頂勅許一身阿闍梨の宣下あり、これが為により此法と云字にはあまたの口訣ある事を識得したまへり。其数多の決傳のうちに法とは一切のものごと仕習はしのくせつくと云決はとく受玉ふ故かく五大法とは名付られたり。これは其初春日山毘沙門堂にて村上義清等に御みつから書て授け玉ひし草本なれば要門の文字五大法の段たやすく改むべからず。先づ以摩屋と云は梵語にて思惟宝とも如意宝とも称す。第七識の異名とおもふべし。故に此摩耶識はいつも染濁にして澄ることなければ一切衆生の生死海中に沈溺する事もみな此七識の所為なれば前五識轉じて成事智顕現せる時は大牟屋の智用即ち如意珠を幢上にさゝげおきて萬宝を両すこと自由有徳自在なり。これ實は成事智の作用なれば財の字を以て五大法秘蘊の終とす。此財の字の心は即ち五大虚空蔵の富貴即求五大法の根元にして金剛界の五部に約し配すれば是中央大日如来にして法界體性の（梵）字の種子とするなり。是は第九の奄摩羅識轉じて法界體性智となる。此智は上に述る所の神威照智の四大法（梵字四箇）の四功徳を一聚和合して一大宝珠となす。此智は本来智慧と云へるも心数の一数にして即別境の一所なり、識といへるは王たる事云はずして知るべし。然るに轉すと云は其力用の優れたる方について談する邉にて得智の後は王全く無と云には非すと知べし。故に第五大法の財のたゝちを得る時は治乱安危其機に臨みて其応を得すと云ことなく正変に対して的當を失することなし、これ思惟宝より萬寶を両すの義なり。四識は皆染浄あり、此旡垢識は轉せざれ共濁染なし。此ひとへに真照の根源なり。今五大法は神を初になして財に終をなすもの国家の基する所富国強兵にあること於是要門の要を深く知べきのみ。

右五大法をば要門諸秘訣皆傳の上にてその人の花とゝなり正徳納守の真照にかな花その用を身にそなへ究竟照観到芍現の真理に応じて年齢四十歳以後納煎熙の成佛の真理をうかゝひしのち摩利支天如弁すて大黒天の至尊御本地多聞の究竟内證に叶たるを鑑定して師弟同く浄軒に処し三部被甲の印明結誦し傳統すべき掟なり、抑灌頂といふことは良那職位にのぼるといふ標示にして治提権といふも征といふ我等のことわりはしの灌頂より出るといふべし。秘すべく密すべきものなり。

不識院大僧都神武傳燈大阿闍梁耶法印謙信

中略

佐々木源三郎世元
荻野彌七郎　長
要門的傳十五世
権征軍師豁達豪弼
嘉永二巳酉天　三月吉祥日　栃内與五兵衛逢吉（花押）
上

第二節　甲州流

甲州流兵法（軍法）は、武田流・信玄流・甲陽伝・甲州家伝などともいわれる。それは、甲州の武田家から発しているからである。

流祖小幡景憲は、元亀三年生まれ、徳川秀忠の小姓であったが脱走して石田三成の乱に井伊直政の軍に属し出征、また大阪冬の陣では富田越後の陣場を借りて戦った。のち徳川家康に大阪城の情況を告げて旗本に復帰した。五百石、のち千五百石となり、武田家の軍法を興起して、寛文三（一六六三）年二月二十五日没す、九十二歳。

盛岡藩には、小早川能久に学んだ小田友里（友重）によって伝わった。

○武田信玄――山本勘助晴幸――小幡虎盛――馬場形幸――

早川幸豊―広瀬景房―辻　盛昌―小宮山昌久

三科形幸―辻　盛次―岡本實貞―小幡景憲

小幡憲行

北条氏長（北条流）

山鹿高祐（山鹿流）

小早川能久―香西淑資（重）

小田太郎左衛門友里―小田太郎左衛門朝栄

小田太郎左衛門成朝―福嶋小右衛門吾邑―向井英馬光昇

向井外記長威

奥瀬衛門（小笠原競）元且

【流儀ヶ條】「武田流兵学」戸来又兵衛

一、入列

一、入講

一、入室
一、相続傳
　右之通

「甲州流兵学」大森佐左衛門

一、初心
一、免許
一、印可
一、皆傳
　右之通

（向井氏の墓）

第三章　弓術

弓術の流派は、大きく分けると礼法・騎射系統の小笠原流と武射系統の日置（吉田）流に分けられ、日置流はさらに細かく分派した。その流派と始祖は、小笠原流（小笠原貞宗）、日置流（日置正次）、吉田流（吉田重賢）、出雲派（吉田重高）、雪荷派（吉田重勝）、左近右衛門派（吉田業茂）、大蔵派（吉田茂氏）、印西派（吉田重氏）、竹林派（石堂如成）、大心派（田中秀次）、寿徳派（木村寿徳）、道雪派（伴一安）、山科派（片岡家次）、大和流（森川秀一）などである。

盛岡藩には、歩射を代表する日置流出雲派、日置流印西派、日置流道雪派が伝わった。

第一節　日置流出雲派

日置流弓術の祖日置弾正正次は、文安元年大和に生まれ、宗品、影光、豊秀といい、瑠璃光坊威徳、道以、意徳斎と号し、明応九年吉田重賢に唯一伝授し、諸国を歴遊して、のち高野山に登り剃髪して文亀二（一五〇二）年五十九歳で没したという。広く吉田家を中心に普及したので「吉田流」ともいう。

盛岡藩へは、八戸藩士岡本高茂に学んだ下斗米昌国によって伝来し普及した。

○日置弾正豊秀（正次）――吉田豊稔（重賢）――吉田豊経（重政）――佐々木義治――

- 吉田豊倫（重高）
  - 吉田豊雄（重綱）
    - 吉田豊隆
    - 吉田重氏（**印西派**）
- 吉田豊要
  - 吉田豊時
    - 吉田豊安
      - 上原昌秀
- 吉田重勝（**雪荷派**）
  - 吉田元尚
  - 伴一安（**道雪派**）
- 小幡重定
  - 窪田重能
    - 窪田重賢
    - 岡本高茂
      - 中里幸侯
      - 下斗米小四郎昌国
- 下斗米小四郎昌豊
  - 下斗米小四郎昌興
    - 下斗米小四郎昌志
    - 西野与助
    - 山屋加織
    - 下斗米伊織
  - 奥瀬対馬忠志
  - 松岡納
  - 沖良蔵良忠
  - 松岡倉右衛門
  - 山屋志津馬
  - 西野良助
- 奥瀬内記定武
- 市原四郎右衛門忠顕
- 田鎖八十八光保
- 赤澤半蔵義知
- 関友之丞正倫
- 山本九郎左衛門精峻
- 欠端周作義著

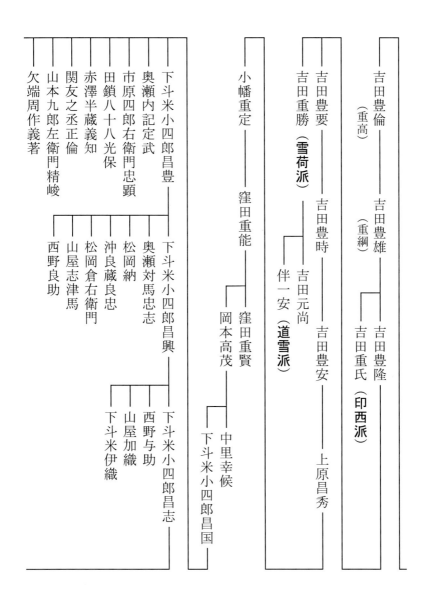

松岡蔵之丞忠胤

菊池定右衛門吉隆

下斗米小四郎昌道

南部美濃守利剛公

（下斗米氏の墓）

【流儀ヶ條】「日置流吉田派弓術」下斗米小四郎

一、三冊傳術　　三ヶ條
一、中位傳術　　九ヶ條
一、免許同　　十七ヶ條
一、印可同　　五ヶ條
右之通

【伝書】『業目録』（もりおか歴史文化館蔵本）

三足踏　廣　狭　左右踏越
五手内　鵜首　紅葉重　鱗形　惣捲　瓜揃
三段筈口　上　中　下
三諜口　強掛　中掛　浅掛折目掛と云
弓構　中墨　菱形
打起　當拳　矢先四寸曲尺
腕口　骨合　筋道
三引分或引渡共云　沖乗　虹形　三分一
弦道　四寸曲尺並位
はまり

矢筋

五胴作又五真之胴共云　臥胴　除胴　掛胴　反胴　草胴是は指矢に用

五物見　臥　照　真向　反　矢枕

三段附　上　中並かすり附　下

五放　大槌　小槌　梨割　諸落　烏口

三覗　有明　半月　闇

三澄　弓構　打起　保

四度目遣　弓構　打起　保　跡乗

體曲尺　竪一　横一

右五十三ヶ条

吉田流印西派射学目録

一、眉藁前之書　全

一、的前之書　全

一、堂前之書　全

右三巻之書執心之弟子に相渡

一、矢之書　全

一、羽之書　全

一、弦之書　全

一、三色之書　全

一、弓具之書　全

一、的之書　全
一、平的場之書　全
一、射禮之書　三冊
一、言辞之書　全
一、百手達者　全
一、稽古初之書　全
一、射茂木書　全
一、四季的之書　全
一、陰陽鬮的書　全
一、京的　三冊
一、小串之書　全
右奥之書ト云雖十九冊、奥書二十冊
習業巧如日之外竪横曲尺備焉。因献此一巻矣。
文政十丁亥歳初秋　下斗米小四郎昌興（花押）印
信濃守源利済公君
閣下

【伝書】　『直之書』　（もりおか歴史文化館蔵本）
一、少人を教立るには二弓にておしはり〳〵数十度可為引也。日々に数をかけさせて引すべし。其時は大人小人によらず體を沈ませて前肩後肩ともに落させて氷くにおしかけて肩根の一文字に成様に引せ手之内をとり覚へさせ勝手の附所ともに引覚させて後に矢をかけさするもの也。

高茂曰く、是五法を定むと云物也。横一堅一手の内勝手物見の五つ也。此寸引は當流射形の根本也。

一、右之如く能引覚させて首の延び縮み胴のねちれ後えの撇のしまり勝手の臂形押手の二のふし不入は平日ともに両手を組せて延ばせて左右共に二のふし入る事を覚さすべし。押手の内中墨に握らせて弣透さる様に手の内を覚さする事は始終曲に成物故によくく射習の時より教立事第一也。前之十文字をよく直して教立時は萬事の要也。

一、巻藁へかけては目當を能くさせて放さすべし。放は大きく射させて次第に小放しに成様に教立べし。さなきたに小手前になり安き物なれば初に少の人に右之通に教込事也。虹形に引せ少人には勝手の付を少し高く射さすべし。

一、弦を返させずに射させ自然により返りの有様に可射事也。無理にかへさすれば手の内ゆるみ後には握下け或は拳をゆる物也。惣じて拳を振る射手には打切に平日ともに射さすべし。

一、握り下る射手には小指をしめさせて射さすべし。惣まくりの手之内がよし。こぶしを振る射手には打切にして手之内をまき込て堅くとらせて矢放にて自然に覚さする為故に巻藁さし矢を射さすべし。

一、押手の肩立射手には勝手の肩を立よと教時はおのつから弓手之肩さがりて横へすなおになるもの也。

一、勝手の肩立射手は引渡を虹形に引せ前肩をはらせ射さす時はおのちから一様に成もの也。

一、胸筋曲外の掛の退がする胴には腰撇をよくさせてはかまの腰之所にてしめさせ足踏を如此間を肩たけ披き能立せて射覚へさすべし。ヶ様に直し入る射手は我兵に勝たる弓にては不直也。兵より弱き弓にて胴を直虹形に引せ直し置て後胴にかまけさる様に虹形の沖を乗るがの両様にて教込べし。

反る胴を直すには腰をすへさせ弓をふしかけさせて弦をば沖を乗て引すべし。

掛る胴を直しは指矢にて腰かけを少しひくく下げて目當を高くさせて射さすればおのつから仰ぐなり。射覚するほどになりて後に一文字を能く直すべし。

除胴を直しには左之膝をつかせてすびきを数十度させて腰を引立右之膝をば立膝にして直し能覚へて後一文字にして巻藁を射さすべし。

一、顔持は直り難き物也。第一悪しくすれば射習の時の曲が一代不直もの也。能々教て首根にこりの無之様に教立べし。

顔の反る人を直しにはおとがひを首根に引付しめさせて覚へさすべし。

顔を弦にて打おどろく射手には弓をふせさせゆるまぬ様に左右へ大切に放させれば不當物也。覚へて後に梨割に射さすべし。

一、勝手の臂下る射手には臂に気をもたせ沖を乗せて引かせ小引にして射さすべきなり。夫にてもさからばかせをかくべし。

一、二のふし不入射手には常に両手を取組せ肩根より直せばあらまし二の節入る物也。夫にても不直は常に柱に押かけさせて直すべし。

一、発て跡の崩るゝ射手には跡乗を第一に教べし。

一、押込射手をなをしには小口巻藁の下段にてつくばいを射さする也。尤居腰にて射さすれば本弭つかえて下る事不成物ゆへ数矢を射させて覚さすべし。

一、突上る射手には諸落を教て射さすべし。

一、二メをつかふ射手には虹形に弦を引せ先手を随分に上けさせて引する時は二目直るもの也。

一、こる射手には菱形中墨三分一など、格法を不立して諸々の曲に引渡させまきわら指矢を一冬も詰て射さすればこりはおのつからぬけるもの也。

一、ゆるむ射手にはうつかりと臂を詰させて九分引て十分に放様にして延斗を心掛て射さすれば心ゆるむ事なし、引過る故に必ずゆるむもの也。梨割或は諸落の心得にて射さすべし

一、たるみとは気のたるみの事也。此節は射かたき物也。其時は雪陰え行き用を弁するか或は小便などして気をちらすか又は行水をして射る時は気のたるみ直るもの也。就中行水をして射る事第一也。貴人高人御覧之時は別して行水をして射べし。一心清海にしてゆるみたるみもなく程よく萬事に気しまりて射よし、心かくべき事也。

一、急に當りを取り失ふ時も気の次第也。依て人しれぬ様に庭あらば一めぐりも二めぐりもめぐり本座に酒等あらば夫など呑て気を轉して射べし。夫にてもをらずは逃し能き座ならば能帰りて巻藁を心静に射て置べし。是は曲付事あれば也。

一、おこつく射手には指矢を巻藁にて数を射さすればおこつき止むもの也。

一、まのなき放れの有る射手には是も指矢を射さすれば力ら付て直るもの也。放し荒き

射手には指矢は射さすべからず、唯巻藁にてしつかに矢数草外ざる程つゝ射さすべし。

一、仰ぐ射手には胸にて折込み爪先を向へ踏せ足間を廣く踏せて射さすべし。大小の男によりて弓の弱きがよろし。

一、先へ掛る射手には巻藁の前にて右之足の爪先を一文字に踏せ左の爪先をば巻藁の方へなし右の足のきびすの通りにふませきびすと爪先との間五寸斗に踏せてねち向て射さすべし。或は右の膝をしたにつき射さするもよし、直り次第に本式に射さすべし。

一、生れ付直にて能然とも弓功の入らざる射手には打替て後に直し安き所を態と崩して射にくき様にさせて労をさすべし。去ながらす引を度々させて真曲尺の不崩様教べし。是は師範の働き入事也。

一、勝手の手先落る射手には少し弦をひねらせて人指ゆびにて矢をおさへさせ手首を突出させて虹形に引する時は手先不落物也。

一、弓をねちて押手を巻込射手には手の内を居付かせ弝をかたくとらせべし。直り次第に中之かうにて押さすべし。

一、早気遅気共に指矢を射さすべし。

早気にはさし矢を随分はやく矢番にすつとんの拍子にてせつて早く射さすれば草外して後自然と止る気覚ゆる物なり。本早気と云は千万人に壹人の者也。稀なる物也。唯矢放の不掛と欲との二つ也。去るにより矢先に大切之物を置時は當るは我物故に損なる事をおもひ十か九つまでは放ことならざる物也。

遅気にて保るゝ射手には少し拍子を延して梨子割に射さすればさくりとしたる所を射覚へて拍子の揃物也。或は拍子を揃るには三十一字を詠しさせて拍子のくらひを覚させる物也。

一、弓をかつく射手には手先にて直すべし。握を平日よりは壹寸斗下げてとらせ矢先は拳成に不断のにして筈に弦をかくるには少し高く上の方へなし上弭を射扨放ておす様に射さすべし。射覚て後中墨に直すべし、勿論延び斗を心掛て射さするがよし。

高茂の曰、かつぐ射手には押手の小指と無名指の気なきゆへなり、依て握りを小指をしめさせて跡て本弭をうはちらにて推様にさすればかつがざるもの也。

一、矢の落る時と肩之高き射手には常よりも足間を廣く踏すれば肩直る物なり。

高茂曰、矢の落る時は胴の掛か又弓矢の恰合せざるか或はおくり放に射るかのものなり。是を気を付て直すべし。

一、肩ひくき射手には常より足間をせまく踏すべし。

一、前へ掛る射手には足踏にて直す事有。(図など略)

一、本弭之後へふりて當る射手には射手の右之方へ師範の者廻りて弓が伏せ過るか或は照るかを能よく見て直す時は本弭射手の通りにて弓返りする様に直すべし。

一、小腕打射手には弓をそはめさせてとらせ引込所にて気を付て弦を有なりに引せゆるまぬ様に射さすべし。然とも腕なりにもよる事ぞかし。

一、拳を矢にて摺り破る射手には掛合を根の方五分斗下げさせて射さすべし。

一、矢あくひ有之射手には筈口すかしてかけさせ引すれば矢あくひ直るものなり。

一、矢口有之射手には矢を弓に付少し手の内にて弓をてらさせ弦をひねりて射さすべし。矢口不披ものなり。

一、矢こぼれ有之射手には、弦之中関をふとくすれば止る物なり。

右之外直し方は其師範の気傳にて直し事なれば相手子たりとも人の直し置くを助言して不直もの也。師範の者の嗜たるべし。

嘉永七甲寅歳　初秋　　　　　　　　下斗米求身　昌志（花押）印

美濃守源利剛公君

閣下

【伝書】『金玉指南歌』　　（もりおか歴史文化館蔵本）

少人の器用なりせは苗にして　ひいつる如く弓を射させよ

付高く胴をばすぐに引たもち　ちんちやうに射に少人の弓

後よりかひなをとらへ射するは　幼稚の人を指南する法

弓手妻手貫をぬいたる如くにて　胴は柱に足はおひきに

胴のふす射てはあまたの損ぞある　むね尻出て顔はそるなり

顔そらば右の眼を見構て　弓手押下げ上筋をはれ

顔持は矢よとて人の呼時に　いるとこたへて見向姿よ

引とりて矢先をひきし指さけて　目當をさせて射さするぞよき

引付て手首かゝるは肘を上げ　捻りを強く射よと教へよ

はなし口おひへて射ぬる人あらば　張合時に心付べし

はなし時両の肩先よる射手は　三四の骨に心かくべし

付やりのきりを直さば打刀　かたけさせつゝ稽古射させよ

さし肩は弓手の足の爪先を　前へふませてひざをおらせよ
肩高き人をば腰をおらせつヽ　胴をすへさせ射さすべきなり
五つ程あらん曲をば貳つ程　ぬしにしらせず直し射させよ
曲あまた有る中にも一つヽ　わきて悪しきを直し射させよ
青によしならいは弓にいらぬとは　功者の心引てみぬゆへ
なわ手筋遠射するにも脇へ矢を　ちらさぬ事を本とするべし
木根羽なし軽き木ほうを射時は　のぼり手之内能と社きけ
帆を揚よ片帆にかけよおろせよと　いふは遠矢に風の吹とき
心せよ羽ひくきは唯射かけ弓　小口へはまた羽高き心もて
師南者の羽ひくき弓を好めるは　手之内強く射させんがため
あつさ弓帷幄に秘する手の内は　千里の外へ射やらんかな
はいもふも射手みせ顔も無益なり　唯有様の弓ぞめにつく
ふみひらく廣さまさの足間は　おのが矢束の程にしたがへ
ゆるみなば打切にして詰声を　略して乙矢持すべからず
大鳥の羽高き弓を射る時は　かいことにぎる手之内ぞよき
はるばると旅行道や夜の道　用心の時うち根はなすな
器用なる人しも弓をかへりみて　日々に三度はせめていよかし
我為に強き弓をぞとおもひなば　心にかけよ一身一骨
弱からん弓をも人の見る時は　強がごとく射心よし
兵によしあいたる弓を射る時は　放の心唯皮肉骨

のりこゝみかゝりのき胴直すには　帯と腰とに習社あれ
軍用に用いてもよき惣まくり　握る手の内利社多けれ
新木にて野辺や的矢はいそのかみ　ぬる弓は只軍馬へもて
さまの矢や貴人の御前的目當　生物射るに詰こえはなし
さくりをば枕にせよと云置くは　軍馬へ持弓にこそあれ
うち切に膝を悪つゝ射てふは船中小口そば傳ふ弓
かさねぬる衣は春にあらねども　飛かへるべき雁股ぞかし
矢番ひは心をしつめ手早かれ　心いそげば手こそおそけれ
野伏には能引付てよく放せ　小引成ともいよや相引
ふしんなり常は射手ふりする人の　小口といへば弓をもたぬは
手の内はおつとるこふし息合は　一みにしかじ小口弓とは
前押は常にみんくしのき胴も　さもあらばあれ楯裏の弓
めくら射は杖なしに唯払わめや　道を教る人にとはなん
初心なる人の射る矢は格子ざま　門をも出ずとゝまりぞする
楯うらの大ちゝみ又ざまの矢の　小ちゝもよしかつはうちきり
強弓に大根を射貫手の内は　紅葉重にこがらしの風
雑兵とやぐらをかざる其時は　後をくろめ身をかくさなん
夜軍はなにわの事もみへつかず　伏弓にして足もとをいよ
軍陣や狩場遊びと聞時は　弓之持様かわるとぞ聞
うつぼをば我附ざらばいかでかは　俄の時に用に可立

常張に矢を取添てとことはに　おけや睡後之弓はかい有
ひく弦の甲にさつる物ならば　弓手勝手をさし上て射よ
甲をば妻手にひねりてのけにきて　左の目にてみかへて射よ
肩かひなおのれおのれに随ひて　袖の附様かざり社すれ
有明のいるとしらせぬ弓社は　習の積る楯うらとみめ
引かけて射るに頼母しつきかくる　鎗長刀のつけや成る時
老て後重て具足さそく立　かなわぬ物か頼め弓杖
弦はよし切りなばきれよ雲張や　弓兵法のなからましかば
うち切に射るにはしかし馬の上　油断はしすな妻手切の者
弓靫おとろく馬の有ならば　出陣前に乗て射て見よ
つぼみたる胴を直すは右之股　押ひらかせていさするぞよき
荒磯の船はひらけつ弓は唯　妻手をば披きて取梶にせよ
胴伏ば共に弓をも伏ぬべし　立てば立社相応といふ
はなし事矢よりも早き釣射手は　其の小眼に見所もなし
さのみ弓ひかんとのみはおもふなよ　附へ身なば筋骨をはれ
矢種つき其身は果る際までも　靫は捨ぬ習とぞきく
野山にて矢種つきても二つ三つ　つくり出すは常のたしなみ
詰こえはよしや永かれ短かれ　短きとてもいきはなかヽれ
沓下は右をばきひす左をば　大ゆび強く踏詰て射よ
曲矢をと望はいかに立べきぞ　唯真弓社みまくおしけれ

梓弓真弓月弓添ひなげて　我師の心うるはしからめ
引手持時はちいさく放しての　後の大弓類なくみゆ
手先そりわざと弓返しする人は　弓手のわきをつきのけよかし
弓手落手の内弱き人ならば　肩わら前を遠く立たせよ
秋山や紅葉重の手の内は　附落せる人の為なり
是や此三つ一つの手の内を　射手や根の事名付置らん
こずく事弓手のみにて直らすは　妻手のこぶしを上て切らせよ
あらけなくこすける人の的矢をば　軽きが上にかろくさせなん
的弓の音たからかに聞えなば　手の内弱き射手と知るべし
知れがしな弓に負たる弦は只　勝たるよりも矢をばつくぞと
仕懸たる弦を當座に射るならば　矢のつきおとる物と知るべし
矢をつくは新木成けり射貫には　上弦強くたるみたる弓
あれ射よと鳥獣を望なば　立さり迄の心もちせよ
鳥の上に鳥はありけり鹿の上に　しヽは有ぞと兼て知べし
梓弓伊勢をの海士のかづきして　浮て苦しむ息は物うし
早川の舟のなは手のよはよはと　引わつらへる弓ぞくるしき
弓初め産所の引目射る時は　阿うんの息ぞめでたかりける
弓の五法又手の内の五法をば　我儘に射る人ぞ稀なる
物弱く射矢は甲斐も夏川や　羽の無き鳥の立ぞ煩ふ
弓は唯細く強きぞ好ましき　ふとく弱きは稽古なる時

ぬけぬべき矢はぬけずして度々に　息のぬけぬる射手ぞかなしき
射はなせし跡よりかゝる詰こへは　弦音の位聞ん為かも
弦打や弦音弦おと弦拍子　時に寄ての言葉成べし
夫々に矢こへは替るしらずして　弓物語恥を掻すな
水の濃のくるくるめぐる浮鳥は　射るに心得伏せ弓にせよ
数寄器用ふたつか三つの三つながら　かけては射手の名をばとるまじ
水上射よとの時は心さへ　浮沈たる胴つくりとや
金角木慇懃の時尾竜也　鹿の角木を嗜ていよ
石のかきさもかたからん巻藁を　細き矢ならば心していよ
引なへる弓は芦毛の馬のかみ　巻藁は唯弱きにて射よ
武士の引もふけたる梓弓　まえんませうも忘れぬがなし
金の間の射様と云は矢もはめず　引のみ引て放事なり
金の間によし矢をはめはなすとも　向へたらぬ射様肝要
あがりての其手の内は雲ひばり　子を思程の弟子に傳へん
あがらぬと悔無はうぢの網代木や　日をもつもらぬ弓の稽古に
大兵は生れながらそ嗜みに　寄て小兵も射手の名をとる
初心にて弟子を取ぬる人は唯　こせやめくらの引つるゝ弓
弦は世のきづなにおもひ一筋に　きり放つべき事を知れかし
三輪を値べしも弓と矢の　いとくをあふき誰も用よ
人の上は矢よりも早くみ知れとも　我身の上はいざしらま弓

肩高く首のつまる射手ならば　本のすぐれる弓をいさせよ
度々に落るこぶしの直らずは　堂の稽古をつくばいていよ
掛聲に相応と云習あり　松吹風の音信を聞け
弓弦のはつむと云は手の内の　四つ五つめのひかへはり合
きよふとはたらす射こそ器用なれ　生付ても射すは不器用
骨肉皮此射手三つの其内に　骨と肉とは弓の射手なり
弓は父弦は母なり矢は子なり　片思ひして子は育つまじ
雁又を射るに心を付て射よ　しけみ羽織にまんまくな射る
めくら射と云は師道の無きを云　とても射初は稽古せよかし
梓弓手持〳〵て今ははや　無念無想に放してぞゆく
かうしゆけは弓に有也手先にも　人にも寄て習有たり
早き射手心で直す物成るや　物に當引放さぬにしれ
数寄器用相応したる人唯　師匠を吟味稽古せよかし
手の内と韘のはり合する射手は　初心の人とみ置けつしめ

嘉永七甲寅歳初秋　　下斗米求身　昌志（花押）印

美濃守源利剛公君

閣下

第二節　日置流印西派

吉田重氏を祖とする流派である。彼は葛巻源八郎といい、一水軒印西と号した。吉田重綱の女婿で、義父更に吉田業茂に日置流の弓術を学び、奥旨を究めて妻の姓を継いで吉田一水軒印西と号して一派を開いた。結城秀康、松平忠直に仕え、元和元年徳川家に仕え五百石、寛永十五（一六三八）年三月四日、七十七歳で没した。盛岡藩初代は、大阪の人神先重清に学んだ木村矩之である。

○吉田源八郎重氏（印西）――逸見正久――吉田重春――
――中川正宣――神先重清――神先栄重
　　　　　　　　　　　――木村数右衛門矩之――
――池田市郎兵衛實臣――石井三次郎貞省――石井久太夫綱恩――
――鈴木作之進景致――瀧澤八左衛門義威――石井軍蔵綱伴――
――池田縫右衛門久儔――澤田弾右衛門定啓――石井悦人綱方
――鈴木小市舎雅――鈴木恰嘉忠――瀧澤友左衛門義気――
　　　　　　　――一条金平

赤澤忠助吉英
上田多太治芳寿
赤澤房次郎吉徳
渡辺徳太郎

【流儀ヶ條】「印西派弓術」石井悦人

一、巻藁前　三十三ヶ條
一、目録　裏星之傳
一、二傳　真之巻藁前
一、三傳　蟇目
一、印可　軍陣之巻
一、皆傳　口傳
右之通

「印西派弓術」赤澤忠助

一、巻藁前　三十三ヶ條
一、目録　裏星之傳
一、二傳　真之巻藁前
一、三傳　蟇目
一、印可　軍陣之巻
一、皆傳　口傳

右之通

【目録】『印西派弓術目録』　（『盛岡藩古武道史』より）

一、歌之書　　一、射礼集
一、射的書　　一、奉射的之書
一、弓場入口伝　　一、辻的追加書
一、当流羽伝書　　一、目録書
一、巻藁臺之書　　一、靭之図
一、調度掛之図

右十一冊当流目録之書巻雖為秘説因執心令附與畢洩他見不可有者也。
弘化三丙午歳　　赤澤忠助吉英（花押）

【伝書】『日置流傳書』　（岩手県立図書館蔵本）

百手的之事

一、射場三十三杖に打て内二杖前に三拾壹杖串を立る事上古之例なり。當家に用る者三拾三杖に打て棚より一杖前三拾二杖に小串を立る也。又応仁兵乱之前小笠原美濃守政廣末形部太輔なりし時弓始之弓太郎にて勤仕被致し時三十三杖に打て二十二杖に串を立れしなり。其時はつし弓を外竹を上へ成けうら弭を先え本弭は後になして横に右之手にて持棚より弓立へ歩行也口傳。

一、串之高さ地より上六尺六寸何も木の太さ貳寸。但し笠木之下内法は六尺四寸也。外之地え入る分一尺五六寸斗り上の笠木横七尺八寸両方木之先五寸宛出す也。横之内法も六尺六寸也。檜木にて丸く造也。又折かけ串も不苦。
一、的之五尺貳寸檜木にてあしろに組面を張て絵を出す、奉射之的と同事故除之。
一、布かわ之事、外に串無し、的串にからみてするが本式なり。
一、蝉之事、長さ貳寸八分頭を黒く塗也。付様は口傳。
一、的掛様之事、前後六寸宛地除六寸上八寸と掛るなり。
一、布かわ之事、白き布にのりを付てするなり。外に串有べからず。的串からみて立る也口傳。
一、串より一杖前に砂にて幅三尺六寸に十二之筋を引也。是をさくりと云なり。
一、矢代場三尺六寸。
一、矢車は日記付弓立之方に有口傳。
一、射手は十六人にて八人宛つゝに立に立が本式也。又は二十人此時は十人宛二弓立、三十人の時は三弓立に立也。
一、百手の時も前と後の射手賞翫なり。兵れをもひとつに可振三石得をして定て射手を前に一つふるなり。
一、百手之前弓をば弓太郎とは云まじきなり。
一、射手装束之こと烏帽子干干にて射る事古来之法なり。帯佩何も五度弓に替事なし。
一、病人祈祷に百手射る時は足踏右より踏始て踏べし。同引足をば左より引べし。又立るはたし也。百手は祝言の義たる間例に左より踏始べし。此時は矢も内向を早矢に可射此両条は可取上の秘説たりと浄元被仰候也。

一、日記付之可座所は射手之立処より二杖三杖斗り的之方へ寄て大前の方に矢通りよりは一杖ものせて土にたくみにてもなか床にても其上に座して日記を可有。

一、同日記之事、備中檀紙を四枚四つの角を合て横に二枚竪に二枚可鑓合此趣は射手拾六人之時之事也。又射手多き時は横は二枚半も三枚にもすべし。日記の端作りには百手之射手と可有射手之文字一字官にても管領にても一字都合二字可書、但し貴人は一字にても可書歟。仮令吉良殿干時左兵衛督殿などにてましまさば左と一字認候ても不苦候等閑の人は例式之二字可為矢数之事五度宛にても惣矢を可書つゝの数は百と可書又つゝ十共可書。但し十と書文字宛上之秘事にて候間常には百と書て可然、又日記之内にも干時賞翫之人躰之十を十と云べし。例式の射手のつゝをば百の文字をばいくつと書べし、日記の奥には年号月日可有。

一、同日記賞翫

一九八十六二十七十五三十一六十四四十二五十三

此分たるべし。是は中之射手賞也。

又一説に

一九八十六二三四五六七十十一十二十三十四十五

此趣可為本式也。一とせきとを賞翫したる次第なり。此認様は笠掛之日記の准じて認なり。謂ば一とせきとを賞翫して其間堂一の際よりせき之前までは賞翫之次第に始め之立も同前なり、書つゝけ候次第も二より十六迄次第に書ならべて有なり。其内一之処九之所八之処十六之処などは賞翫は覚悟すべし。射手十六人より多き時も少なき時

も此義を以てそ簡すべし。又前に註したる日記之次第は犬追物之日記の格なりとしる
べし。
一、日記は如新認也。
　百手射手
左○○○○○　○○○○●　○○○○○　○●○○○　○○○●○　○○●○○
　○○●○○十○○○○○十○○●○○十○○●○○十○●○○○十○○○○○十
　○○○○○　○○●○○　○○○○○　○○○○○　九○○○○　○○○○○
　○●○○○十○○●○○十○○○○●十○○○○○十
　八十八
　○○○○○　○○○●●
　○○○○●九○○○○○八
小○○○○○　○○●○○　○○○●○　●○○○○　○○●○○　○○●○○
　○○○●○十○○○○○十○●○○○十○●○○●十○○○●○十○○○●○十
　○●○○●　●○○○●　○○●○○　○○○○○
　○○○●○十○●○○○十○○○●○八○○○○○十　百
　七十九
　○○○○○　○○○●○

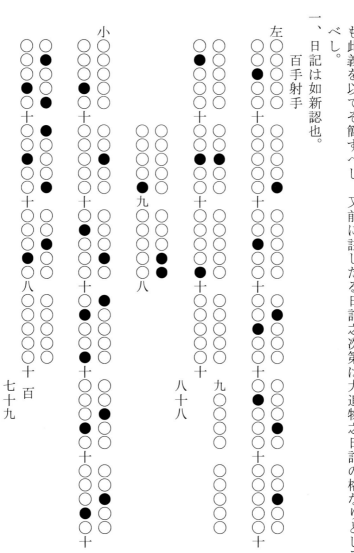

〇〇〇●●十〇〇〇〇〇九

年号月日

十六人何も此様なれば外は異する者也。

一、小付之十よりも惣矢数之十之字は大きに可書、當流にては星の黒白之事はつれを黒具するなり。中りは白き侭にて置なり。惣じての射手之矢数之丸は日記認候時始より書て置べし。はつるゝ所をば黒むべし。御所的之時両奉行之付る日記は中矢を黒むると云事古来より如行付来る故なり宛之字に十之字を書事は宛上之秘説成る間例式は百と書て一向に可有斟酌之事なり。亦一説に名字一字仮名一字頭に書下に丸を五つ十を二通りにして十にて間を切て百するなり、はつれを黒むると云端作は前におなじ。百共に中りたる時如斯何も丸を白くして下に十の字を可書はずれたる時は丸を黒むる此丸は一立に丸一つ付る五十にて百本也。然は丸一つは矢貳つ也。早矢のはずれには丸を上を黒むる、乙矢にては半分下を黒むる。早矢乙矢共に外るたる時是丸を皆黒むる。

一、外れ之有時は下に十文字と書間鋪也。百の字を可書。

一、祈祷之百手の日記には百の字を書べし。

一、公方上覧之時は十文字可書口傳。

一、日記付之装束烏帽子素袍なり。

一、播副矢取中も何も烏帽子かけをする也。

右一冊者當流雖為秘説令傳授畢。卒命他見有間鋪者也。

百手之大的

一、射場三拾三杖にして内二杖前に三拾一杖に串を立る。
一、串の寸法高さ六尺六寸に横七尺八寸地上脇共に内のり地入尺壹尺五寸笠木之両方五寸宛出す檜木にて丸く作り木口にて貳寸也。
一、的かわ檜木板にてあしろに組面をそり絵を書す絵図に注す。
一、蝉之付様長さ貳寸八分計口傳。
一、的掛様上両脇之間八寸地きわ五寸三方へ釣也。
一、弓場に弓溝を横三尺六寸に深さ九寸とり木有。
一、矢代場三尺三寸。
一、射堀りより月嵬之方え間をよせ両方に立砂と云物有。
一、数塚弓場に壹つ高さ壹尺貳寸上廣さ六寸後之数塚一間的場の方に。
一、日記之所は小上り之座一杖半有大中。
一、矢車日記之前。
一、第矢諸に小的之時口傳有所矢車之前。
一、大的之時は射手人数十壹人しては九立つヽいる九人之時は十可立矢数百手是なり。
一、百手には素襖袴水干を用る。
一、弓立に六人立射義大的之禮なり。鋪皮之上に小上り之座に付一二三と両方に立射る。
一、一番前之弓太郎後一番之弓太郎三足に寄て射果之皈足一足よせて備足と云義有寄に開足を踏備時つぼむ足の口傳あり。帯佩に傳介添三人宛前に三人後に三人介添之禮式之義有、入替時に口傳。
一、帯佩別に記傳故に此書に具不記。

一、数塚に寄とき三つ金輪に前立禮。
一、数串を掛べし。
一、大的之時串より一杖前に砂にて拾貮のひな形を取射場之中に幅三尺六寸に砂を長くをき其砂に十二之因縁之筋を引を拾貮のひなかたと云。
一、的場定る時ひな形を三拾六用事有的之抄に見へたり。
一、弓棚嵬より弓場其外弓の記に記す間是にのせず。
一、大的寸法五尺貮寸一黒壹尺五分二黒貮寸五分三の黒三寸五分小眼之寸七分串之高さは絵図に記す。

三光的

一、夫三光的と云事、唐尭之時日十並士を九射落す故に是三々九をもつて九つ義を表す惣別、此的を射上の的に用事真実の日輪に更る光故に此的を射て一日え日輪之まつりなり。
一、三寸之的之内金一つ銀貮つ竹一本を三つに割る三の的をたばさみ金を上銀貮つ下。
一、射上たらば三方に据る口傳。
一、三盃。
一、昆布熨斗勝栗。
一、鮑壹掛臺にのする。
一、三々九之的呑様口傳。
一、嵬を清め的を可掛。
一、八幡之御幣。

一、三的之勝負大小之中口に傳。小の中は三拾文中は二十文大之中は拾文寸法は大七寸中五寸小は三寸地きわり六寸に掛る。

八つ的

一、夫八的と云事、八方空の悪魔を射掛東西南北反化を山の風気疫神一国一郡有時逆故一天世界空神秘傳之観蜜法にて是を行也。
一、射場三拾三杖四方真中にて鬼門之方より其須に射出す射廻すべし。
一、嵬高さ八尺地壹丈にして是八方にすく。
一、子之方一丑寅方一卯一辰巳一。
一、午一未申一酉一戌亥是八なり。
一、鬼の形を七尺に作り八方に壹つ宛立是を射亦七寸之的を略に八方に掛る事も可有。
一、弓は白弓矢は釣尻七寸之的之時は陰陽之矢なり。
一、射手五人七人九人曲と云は大前より始矢にて上を次の射ては下を射又次前を射る次之者は後を射る。
一、別に一禮足踏なし。

化身的

一、夫化身的と云事、家内けわしき義出来いえ鳴し物さわがしき時さいはいをして家之内を拂ひ其さいはいを的に立る。
一、的の表壹尺八寸絵如常出し。
一、串図物同断。
一、的釣様絵図に記。

一、三度射時文に曰、八幡大菩薩　春日大明神　摩利支天を可唱。
一、射人護身法九字。
一、的の面に鬼を書ものなり。
一、化身的之事さいはひをして家内を拂ひさい拝を的にはり付て三枚置て三度之内
　八幡大菩薩　春日大明神　摩利支天を可唱、此化身之的は其家さひなん之有時射
始る。但し東矢落也。
右一冊者従上原豊前守高家先祖中川伊賀守政明雖為附属之書依及破壊令改之令清書
之畢。百手大的之図別冊記故除此書之者也
右一冊者當流雖為秘説令傳授畢。卒令他見有間鋪者也。
　文政十丁亥年閏六月五日　　　　　　　　鈴木小市（花押）
　　一条金平殿

第三節　日置流道雪派

日置流道雪派は、流祖を伴一安といい、喜左衛門と称し、道雪と号す。もと建仁寺の小番で田邊城主細川藤孝（幽斎）の給仕役に召し抱えられ、幽斎が吉田重勝（雪荷）を招いて弓術をならっている間に、弟子に加えてもらい上達し、天正十六年七月印可。雪荷は嫡子六蔵が幼弱のため、伴に吉田姓を許し跡を継がせようとしたが、道雪は六蔵を扶けて家芸を嗣がしめ、自分は別に一派を立てることを願って師の許可を得た。のち尾張

藩徳川忠吉に仕え、更に大和郡山藩松平忠明に仕えて、元和七（一六二一）年七月十一日没した。宝林院道雪居士。

盛岡藩へは、明和八年江戸にて道雪派の弓術修行を仰付けられ、幕府与力安富元的に学んだ横浜慶吉が、皆伝を得て国もとに帰り伝えた。

○伴喜左衛門一安（道雪）―伴一秀―伴一政―┬伴一親
　　　　　　　　　　　　　　　　　　　　└鈴木重時―

―┬鈴木重勝
　└神先重清―内藤重康―安富元的―┬安富元親
　　　　　　　　　　　　　　　　　└横浜英治兵衛慶吉―

―横浜縫右衛門慶良―佐藤治左衛門次夷―横浜縫太慶宝―

―四戸千五郎武英―横浜官平慶頼

【流儀ヶ條】「日置流道雪派弓術」　横濱官平

巻藁前真之藁射方

一、三ツ清息合　　三段

一、弓矢名所巻　二巻
一、靭矢籠附方　二傳
七道立前並指矢前七曲合
一、目録　二巻
一、免許　五十五ヶ條
一、皆傳　五十ヶ條
右之通

第四章　馬　術

馬術は、馬を乗りこなし、活用する術で、それは古墳時代に溯るといえよう。江戸時代になると平和の世の中となり馬術の実用価値が減退したものの、武士の最も尊重した武芸として重視され、特に上・中級士の必修技とされた。

流派と始祖は、大坪流（大坪慶秀）、大坪本流（斎藤定易）、佐々木流（佐々木義賢）、上田流（上田重秀）、荒木流（荒木元清）、八條流（八條房繁）、新當流（神尾織部）、新八條流（関口信重）などである。

盛岡藩には、行信流、一和流、大坪流、心強流軍馬術が伝わった。

第一節　行信流

盛岡藩主南部行信（南部氏三十六代）が創始。彼は寛永十九年八月十七日盛岡に生まれ、元禄五年六月二十七日父南部重信の跡を継ぎ五十一歳のとき十万石の藩主となり、文武の奨励にも積極的で儒学や能に通じ、自らも馬術、砲術に励み、砲術の心的妙化流をつくった。在職十一年間に四回も凶作と飢饉があり、借財は四万両に達した。勤倹を勤め自らも範を示した。ようやく藩の財政が好転しようとしたが業半ばにして、元禄十五（一七〇二）年十月十一日没す、六十一歳。

○南部行信公――藤枝宮内――関甚右衛門定照――金矢與一兵衛光寿

【伝書】『行信流序之巻』　（もりおか歴史文化館蔵本）

序

抑馬は三国を通してこれを用、其根元を尋るにしつた太子はこんていに乗王宮を出周の武帝は観音すひしやくの天馬を得是に乗て灵山浄土へ渡り佛せつの法理を得心してよはひをたもつ事二百余歳にして崩御し後とそつ天王と生れ十二憂をまぬかれしやうたうの位に着給ふと云云。其外周の穆王白楽天扨我が朝にて馬をもてあそふ事神武天王の御宇に大国より手綱渡りてそれよりこのかた貴と賊となくこれを用いわんや末代にをいて馬の口に瑠璃をせいすべし。手綱はち丶うのいとを引がごとし、惣じてたつなは躰あつて躰なし口心足の三をもつて躰とし口を引馬あり、こ丶ろをとる馬あり、あしをせむる馬有、鞍によつて心こ丶ろによつて鞍馬により手綱口とるべし、わより強せいすと云、此の語肝要とすという、水鳥の浪にうかび揚柳の風にしたごうことと成べし、しんようの構強弱をもつてこれに乗、ちち品々口傳にあらずして演難し、稽古は鍛錬に有神変にきくと有唯行住座外に是を執行せられんにかなう事ならんや。

『行信流陰乗巻』

陰

一、のべ　くら其ま丶心をしつめて手にても身にても延る馬の口によるべし。
一、ち丶め　くら其侭心をしつめ手にても身にても縮馬の口によるべし。
一、ゆり　くら其ま丶心をしつめて惣たかひにゆる片ゆりにもゆる、是は馬の口によるべし。

一、ほとき　くら其まゝ心をしつめてつり合おなじやうにて両手を少ひらくべし。

一、片あたり　心を下へしつめてつりあひおなじにして當る方のひさをひらきあとの居木はつれに當る左右同前。

一、もろあたり　心を下へしつめて両ひさをひらきあとの両居木はつれにあたる。

一、おさへ　身をいれてひさ鐙を付て手をたてほうらひに付ほと押す。

一、かゝえ　手を少ふせて高く取惣身抱の方ひらく心目をひらく方へそむけて付べし、くらゆるまざるやうにはりあふべし。

一、片打かけ　當る方の身を少ひらき打かけのごとくかた〱にてうちかくる。あたりてあとをしめくつろくる心持有。

一、片きめ　かた〱にてかく口一度にあくる後をしめくつろく心持有

一、はみわたし　少しめあひぬく方をひざがしらへひらく抜るゝ方の手の内つりあふてはなす心はみぬきて後右のつり合にしてもとらざるやうにしかけ候事肝要也。

一、ふり　かゝりかつてたつなを取詰上下の口にくつわをふり當る口うらちらす様に仕かけべし。

一、片かく　あてぬ方のかくをばおさへ當る方のかくにてしたゝかに當るあたりて後くらに當る。

一、あかりおさへ　前へかゝりたつなをひさへさけ又かた〱の手をば上る也。まはすこゝろ。

一、あてきり　上口にあたりかくに當り扨當りたる方のくらに當る。
一、すみ引　すこしそりてたてこぶしにて惣身くら居しきてひやうしをとをく引。
一、はりこみ　中腰にてはりあひ前くらに付少ゆるしくらにそろりと居少そりそれよりくらに付又そり前輪鞍下にひしとつきうしろへいつはひに居るあとにてかしらを早くおこるべし。
一、手綱納　乗ながら右の手にて左のたつなをとり十文字にとりちかへ輪二つにして乗初の手綱のごとく取直しほうらひにかけてをるゝ也。地につき心持有口傳。

寛文十三年正月吉日　御朱印　御花押

藤枝宮内

『行信流陽乗之巻』

陽

夫人の前にて馬を乗んと思はゝ先心をしめてあふきはなかみを居たる所に置、鞭あらはさし所口傳有。貴人と馬との間を通らぬものなり、馬の左に居たらばをつさまにて一札して右へよりて貝くに心を付ておろか成所あらは直し乗べし。扨貴人の前にては二間ほと手前より馬を三度返べしとをせとあらば通すべし。縦通せとあらぬ時も三返におよばゝ通すべし。馬場の上下にて貴人の方へあとをせぬやうに三返ほど廻すべし。馬の口にあたりかくに當事有まじく貴人の前にては恵外成事也。

一、かゝり　三角に居二つのひらき乗かたのたつなを取さきの手綱十もんじに取輪二つに取一つの輪をほうらいにてほうらいのかみをつよく押る。鐙したさきをとりおさへ足をかくるかけて後あと輪を押へ其手すぐにはかまのまちへ入左のあひ引を直す。

一、手綱さばき　左の手綱を取右の輪を其まゝ十文字に左の手に取右の手を放す。扨えもんを直し右の手綱を取左露におさめる也、是は草也。真は両露たいく行は両露にして右短し、右三の取やう手綱の尺によるべし。

一、かけなり　やなひはにたらあぶみも八分にふみ出し八分にひらく也。

一、胴つくり　ゆるりと居ひすみなきやうに手間六寸ほうらいより六寸身より六寸。

一、手つゝき　てつゝき八文字こうてこうへすぐにかいなすぐに不立やうに物をいたく心。

一、真の鞍　中のくらに居腰ゆるくとひざは中のひらきあぶみの出中すく身。

一、行のくら　前輪に居前の山かたにほそを付少そり身鐙を真よりはふみ出す、真よりはひざもひらく心しやつきと居る。

一、草のくら　あと輪に居前へかゝるこゝろ鐙かけなり、ひざつかすひらかす心につかし。

一、上あく　前へかゝり上口をすりいるゝ両すみは馬の心により引なりはなれかろきおもきは其口によるべし。

一、中こう　中口にあて前にかゝりすり入すみは口によるべし、はなれかろきおもきは其口によるべし。

一、下よう　下口を前にかゝりいるゝすみは其口によるべし。はなれかろきおもきは其心によるべし。

一、折目　外のもゝを付折方のひざをひらき手にて外もゝを押へ内にてひらきまはすに廻す目付あとへ見まはす左右同前。

一、きめ折　をれざる時折めにくびを引付外の轡くにあたり外のくらにあたり折方のあと輪へそる左右同前。

一、すりかく　立こぶし口をすり立かくに當る、上中下は口によるべし。

一、うち掛　両の手にて前へ打かへる。

一、もろきめ　一度に口かくにあたる。

『行信流見知之巻』

見

一、轡にかゝりてはみをかむは口強成べし。

一、右の引手にかゝるは右へ添べし左も同前。

一、上轡前をけはしくつかふは立事有べし。

一、うわくび詰て下くびまながき馬は上口に掛て反て引べし。

一、うはくび長く下くび詰たる馬は下口つよくして引べし。

一、目の間の辻目の上りたるいくさ馬たるべし。

一、頭をさけ大みゝにて尾を引こみ足に力なきはふかん也。

一、耳を立かへ目をつかふはすなをにあらず。

一、鼻をふくは悪口たるべし。

一、かたあつくしてむかふから後のまけたる馬は定口に尻さけてはぬると心得べし。

一、うしろからあと足ふみ払むかふすくまけたる馬をば必あらんと心得べし。

一、あとのえたあかりつかひ尾を内またへいるゝははね馬なるべし。

一、右へ尾をふるは右へきれべし。左も同前。

一、上へ尾を上るは上かんたるべし。又こゝろ悪し。

一、尾の右巻はくるしからず、是も馬のけしきによるべし。
一、尾を引こむはさり馬成べし。
一、馬くび肉付たるかたくちつよき也。よる事もありきるゝ事も有なやす事も有。
一、口觜ほそく眼前の骨高は悪口と知べし。
一、眼の内のえんそうほそくは上かんふとくは下かんたるべし。
一、前えたにうちいつれにても立さたまらず出か引かうくか是等の事あらば前にてうつ馬たるべし。
一、乗時乗方へ尻をまけばふみ馬と心得べし。
一、乗すまひする馬何にても大分か少か心相よからず。
一、引出すに見返しの目しろくはふかんたるべし、さるかもたれるかくせ有べし。
一、はなあらしを吹口をせわしくはたらき鞍下をはりあとをちゝむは出馬かあとをちの馬かと覚べし。
一、筋ほねそろひ馬四方より見てふとく有て尻あしふみはらひ耳短く見出よく口あさくきれたる馬をは惣前すきものとこゝろへていかにも手をこまかに口にやわらかにあたりて鞍の内又は心をも能々真にもちて乗べし。草に乗事有ましかて馬場をもつめみしかく乗足なみなどそこつにのるべしき物也。

『行信流秘乗巻』
秘

一、かんせきおとし可乗事手綱をいかにもしめて尻かひのくみちかひを左の手にて取さんずにつきおとすべし。馬をいかにもろくにおとす所の場見やう肝要也口傳。

一、そわつたひ乗べきやうは谷の方のあふみたつなにちからを入山の方へなつきをかたふけ鐙をひらき手綱を引上あひしらひ乗べし口傳。
一、川渡し可乗事渡すべき川下の鐙と同じく手綱を強引て上の鐙をひらき手綱を引上てあひしろふべし、馬滞らは口に當てさそふべし。又をよかする事左の手にては前輪のすわま形をとり馬の身を引付右の手にては手綱を十文字に取水上のあふみをひらきおよかすべし。前輪を取て引付は鞍はなれず、くら八分に居べし、大事の有口傳。
一、上り坂乗時は前輪に居置両の手にてむなかひを取乗べし、小かくにてさそひてよし。
一、下り坂乗時は尻かいの十文字を取居そりて乗べし。
一、すめり道か乗事くら口手綱左右をゆるし乗べし。
一、かけの出し口可乗事向を詰くらに二つ三つあたりかけ出さはよし、前出ぬ時にはひつしくべし、かけこみてはつりあひをやはらかに取手のうごかざるやうにしてくらはすぐに立前へかゝり鐙拍子を合乗べし。貴人の前にてかくを當る事有べからず。又心すなをにあらぬ馬には鞍立事なし口傳。
一、おなじくとめやうは前にかゝりさら〳〵とはみを渡足ほこさは打かけのこゝろにてとめべし。
一、いきあひの針の事舌を抜出し手一束に取て根の方へ針にても小刀にてもさす深さはいかほど成共くるしからず。
一、いきあひの薬いぬたて土用のうちにとりかけほしにして人参小耳草少入細抹して舌にぬる。

『行信流免之巻』

免

一、はや馬乗べき鞍かゝえは中の居木に移りてくら八分にはなれ居木を乗敷事あらずして腰をすぐに立鐙をふみはりて左右のもゝにて打かえ〳〵鞍をゆる心持有、鐙をかけなりにふみ我か心をしつかにして乗べし、餘に頭ひきくは下ようを中こうに移し中こうを上あくの口に引あてべし、はや馬には中こうを本とす、馬つれ足を出さばつねに馬にしらさすしてゆり手綱を乗べし口傳に有。

一、おろしの馬乗べきくら抱はうしろのくらに乗鐙とくらと手綱三にてはり合上中下の口は其馬に依て乗べし。手をばひきく心をいかろく又しつまる心をもはなさすくらたつなにてゆりかる〳〵乗べし、村の時はのべの心持よき也。

一、前後おり立か乗事たとへばがけならへ引かへる口に取あひ左の手にて尻かひをとり弓手の鐙をつよくふみ右の手綱を放しはゝしらんてとまるべし。鞦をつよくしめはねんとおもふ方よりさきにむかふのあふみをはづしとんほうにかへるべし。をちつかぬに尻かひをみなす事口傳。去馬の時は前の山かたを押へ前へおり立べし。

一、馬上のたつな乗べき様はたつなをくらのすわま形へ引通し引返して両方の手かけにからみ右のたつなを取べし又ひたりをとりて乗事もあり持道具によりて左右を用。

一、人引馬とむる事鐙をつよくふみて一文字に立さきをひかゆる留る也。又云手綱を馬の左右の目にもかへる事有口傳。

一、しはつなきかうかけをとりおりさまにくびねへ引付ておるゝ。

一、とびくらはねさする事也。馬をちゝめあと足揃たる所にて手綱をよせしたたかにくらに當る萬出ぬ時にはかくに當てとはする事も有くらかゝえ出しやう有口傳。

右行信流乗方累年稽古依相募七面之書免之印可者及数巻之間連々可相傳之者也。

寛文十三年正月吉日

花押 ㊞

藤枝宮内

第二節 一和流

京の人岡田重成（重威ともいう）が祖。大和流のうち、失われていた一和伝を得て、それに工夫を加え一派を創設した。

盛岡藩には、佐羽内（三戸郡佐羽内村の住人で南部重直公に仕えた）家の人によって伝わった。

○岡田似水重成―佐羽内甚兵衛門久茂

　　　　　　　―佐羽内仁兵衛茂忠―佐羽内九郎治一明―佐羽内仁兵衛路啓―佐羽内九郎兵衛實興―佐羽内勇蔵一常―佐羽内九郎治明矩―蟇目恵守政陽

　　―佐羽内勇蔵勝徳

　　―横濱勝之助

佐羽内與次衛門明生――佐羽内勇右衛門寛紀
佐羽内才治明徳
三浦雄七頭喜

【流儀ヶ條】「一和流馬術」佐羽内才治
一、表　二十ヶ條
一、裏　二十七ヶ條
一、中位之内　五ヶ條
右之通

【伝書】『一和流手綱目録』（岩手県立図書館蔵本）
夫御者之学今古雖不少而正道者如驎角矣。馬之気禀又有賢愚智頑之異別矣。賢清則自然之駿足而不容言彼愚濁馬馭之者逆於馬情加鞭撻或事於叱罵而穎欲令強制焉故馬情頑者愈頑矣。馬相曲者益曲也。夫我道不然正直於馬之情相頑曲者而衆人之所不克々焉謂上馭矣。又謂御馬之徳也。嗚呼韓子所謂千里馬常有而伯楽不常有誠哉言也。盡美盡善諺曰有一人之馭者無二人之馭者予於爰有疑蓋不順馬之情強制而馭馬頑曲不正直謂一人馭者令正直馬之頑曲謂二人馭者也。厥馬之為徳第一代于人事労為兵家之重寶矣。古往今来撫馬治国家傳功名子孫治人者謂儒者治馬者謂御者治人者以施仁為本馬豈異之然又兼相馬之法馬医方手綱三者謂手綱識乎。故掇先哲格言集為一書寔智僣踰庶幾外高之一助云尒。

一、初心不忘事
一、力革之寸知事
一、轡仕附様之事
一、鞍置様之事
一、腹帯摎様之事
一、馬寄様之事
一、手綱調様之事
一、手続之事
一、鞍摎所之事
一、鐙踏様之事
一、四面之鞍之事
一、五方之鞍之事
一、三所切云事
一、五方之口之事
一、上悪之事
一、中好之事
一、下用之事
一、初足之事

一、左右之事
一、甲結堰事
一、強手之内之事
一、堅手之内之事
一、可慎事
一、序破急之事
一、直引手綱之事
一、手綱釣合之事
一、砂流之事
一、返送手綱之事
一、落合知事
一、場末廻地取之事
一、身影之事
一、廻手綱之事
一、廻鞍當之事
一、廻目付之事
一、細波手綱之事
一、口之策之事
一、父母之手綱之事
一、鐙詰開之事

一、押手綱之事
一、抱手綱之事
一、表之手綱之事
一、裏之手綱之事
一、相之手綱之事
一、舟棹指手綱之事
一、繆切手綱之事
一、淘卸き之事
一、鑣抜事
一、取繋之事
一、蹕足鞍之事
一、卸し足鞍之事
一、片拍子之事
一、駿馬乗様之事
一、乗驅七分之事
一、別之鞍之事
一、心残事
一、貫程之事
一、目付之事
一、前足廻馬之事

一、後足廻馬之事
一、縄廻之事
一、口折様之事
一、四方口之事
一、九折之事
一、驅折之事
一、驅廻之事
一、末折之事
一、向詰之事
一、下口強馬之事
一、舌之下轡置馬之事
一、角之口引事
一、隠口之事
一、福登強馬之事
一、肩強馬之事
一、胴強馬之事
一、乗殺云事
一、乗資云事
一、頸痿馬之事
一、添馬之事

一、想形見乗事
一、過物之事
一、一文字之事
一、巴之事
一、雲敷手綱之事
一、鼻緩之手綱之事
一、片引手綱之事
一、堅口之事
一、乃至馬之事
一、物際之事
一、下り立之事
一、対當之事
一、當却合之事
一、一三之事
一、同序破急之事
一、流留之事
一、手形手綱之事
一、乱切之事
一、二之口強馬之事
一、行勝馬事

一、尻引手綱之事
一、水車之事
一、懸口之事
一、出塩之事
一、待程之事
一、削馬之事
一、大小角之事
一、居木移之事
一、如好乗事
一、鬠甲手綱之事
一、陰之調子之事
一、延々調子之事
一、陽之調子之事
一、短々調子之事
一、手之中亮事
一、手相之事
一、緩引手綱之事
一、乗程之事
一、息相前後之事
一、汗相之事

一、馬之時乗事
一、馬之口洗事
一、口振馬之事
一、轡渡馬之事
一、紅葉重之手綱之事
一、口開馬之事
一、口不開馬之事
一、轡牙懸馬之事
一、横立馬之事
一、驟馬之事
一、挙り馬之事
一、反り馬之事
一、手綱越馬之事
一、四手綱之事
一、扣不立馬之事
一、附住居之事
一、角之手綱之事
一、手心之事
一、強引者　強成
一、強引者　弱成

一、弱引者　　　　　弱成
一、弱引者　　　　　強成
一、和用之事
一、中道之事
此書者古々専成事精撰而是編進故軽慮不可有一歩起順而千里之行如成克是長馭者之秀逸爰可停。
文政十三庚寅歳正月吉祥日　　　　　佐羽内九郎治 ㊞ 印
横濱勝之助殿

【伝書】『一和流百曲』　（岩手県立図書館蔵本）
口廻口中の分
一、唇上下うすく歯の見ゆるは人を喰曲
一、唇に毛のなきは川臥の曲
一、下の歯大きに上歯の如くなるは人を喰曲
一、歯ぎり歯たゝき人を喰曲
一、土を喰事曲
一、馬糞を喰事蔵の病と云ながら曲
一、腹足の毛喰ぬく事曲
一、轡さだまらざる曲

一、はみを渡す曲

間骨の分

一、間骨先一文字に切れて角立て骨うすきは人を喰も何も曲

一、間骨上に角立て肉なく上の肩くりたる事やうなるは物を見切る曲

一、間骨一方短く一方は長きは短き方え切る曲

一、間骨大きに長く過たるは曲

一、間骨みじか過たるも曲

一、間骨しゝにかくれて見へざるは曲

面の分

一、鼻皮のあたる上の骨の両脇深くさくれたるは轡定らず鐙喰いをする曲

一、面の真中の生分りの筋一方へかたよりたるは切る曲

一、しもくの辻一方へ片よりてまくは曲

一、船ゆり曲

一、面に肉のかゝり過たるは曲

一、臆病面是は跡をとろきをする曲

一、血に酔曲

一、頭ふる曲

一、はつなくつ喰事曲

一、面を下る事曲

一、はつな引曲

目毛の分

一、目も真中より目頭の方へ斗うすくも厚くもはゆる事あり曲
一、目も真中より目尻の方へ斗うすくも厚くもはゆる事あり曲
一、目も惣にうすくも厚くもはえて下へ斗一様に生る事あり曲
一、目毛目頭にも目尻にもはえず真中に斗あつくもうすくも生る事あり曲
一、目も惣に厚くも薄くも生て樋かきあるは曲
一、目毛惣に厚くもうすくも生え目頭の方へ斗一様に生るか目尻の方へ斗一様に生てももちる事あり曲
一、目も惣にあつくもうすくも生て先のそるたつ曲

目の分

一、目くほの落入たるは人を喰いつれにも曲
一、上目ふちの上に肉かヽり過たるは曲
一、下目ふちの下に肉なくいかにもうすくこけて上目ひちもうすく上目ふちに角立たるは人を喰曲
一、上目尻ばかり次第にさがりたるは込切る曲
一、下目尻斗次第にあがりたるも曲
一、上目尻も下目尻も短くとまりて目尻のまなきは曲
一、大目の出目白目多きは大曲
一、小目の入目大曲
一、人見目頭に付は人を喰曲

一、人見目尻に付は込曲

一、物を見をとろき鼻吹をしてをとろく曲

一、目上を見る様に付たるは吭をそらす曲

一、目下を見る様に付たるは頭をそらす曲

一、目の見はりよわきは曲

一、うきあかりたる目をとろく曲

一、小目にても白目多きは曲

一、大目にても小目にても黒目ちいさく白目多い目尻より白目を見返す大曲

一、黒目常の如く目能と見ゆれ共人目さはくは大曲

耳の分

一、耳山合ひろきは耳先へ下へさがる曲、耳先向へさし耳に斗付事あり曲

一、耳片々つゝたかいに立替事曲

一、耳一方は長く一方は短き事あり曲

一、耳一方は立一方はなひく事あり曲

一、耳先すべてうしろへ斗付は人を喰曲

一、耳の根一寸あまりとち合事ありをとろく曲

一、耳のなる音を聞をとろく曲

一、耳ほそく先とかる曲

一、甲かけすまいの曲

平頸の分

一、平首うすく首の根に肉なき事大曲
一、吭をそらす事曲
一、頤首へ引付る首を左右へなけまくり面を首の根まで付は曲
肩えり迄の分
一、後ばせう毛のそく毛もちれて生のぼりたるは大曲
一、胸の两の生のほり一方は長く一方は短事曲
前足の分
一、あがり馬曲
一、人抱事曲
一、前うち曲
一、足かき曲
一、橋すまい曲
一、高爪つきかた膝も両膝を突くも曲
一、船にのらぬ曲
一、堀切をこさす曲
一、をどる曲
一、かヽみの節より下向の毛生相は曲
一、鏡のふしより下裏筋の通の毛生相も曲
一、針引曲
一、沓うちすまい曲

胴の分

一、惣皮かヽりうす過て毛ほそきは込曲
一、鞍をきすまい曲
一、付すまい曲
一、乗走曲
一、乗とき其人を見すまい曲
一、乗て掉に立曲
一、鐙喰曲
一、乗てはする事曲
一、惣身をすり付る曲
一、乗てせをさぐる曲
一、乗てせをはり上る曲
一、はや道のときひしけて出る曲
一、臥て腰を振る曲
一、河臥曲
一、血取すまい曲

腹の分

一、芭蕉毛生登り先胴の方へまかり生とまるは曲

百會より尾口迄の分

一尻かいはめつしすまい曲

尾筒の分
一、をほかめ尻大曲
一、あけ尾曲
一、さいはい尾曲
穴より下艫足の分
一、馬糞を一所へ不断もりたる如くひる事曲
一、ぬい目片々へよる事あり曲
一、きんに毛のなきは川臥曲
一、早道のとき尿つくは曲
一、込曲
一、片足にて牛はちき曲
一、中ふしより下向の毛生合事あり曲
一、中ふしより下うらの方毛生合事あり曲
一、はねる曲
惣合三百八の内　百二十二曲　百三十六疵　五十押へ
此一巻者雖為秘説数年勤求之。依誠志令傳受堅他見不可有者也。
文化七庚午年正月十六日　　佐羽内澄清軒
相内兵七殿

【伝書】『一和流馬術中極之次第』　（岩手県立図書館蔵本）

一、巴之事
出陣の乗方にして大将より平士に至迄不乗して不叶事是は常に能蜻蛉返しをしこみ萬事さなければ巴之傳さからざる事。
一、二重腹帯之事
軍馬遠馬等に穴二つ或は穴四つを用る事とき留傳。
一、腰手綱之事　　馬上業貳遍。
一、甲冑無礼之事
甲冑多いしたる時は主人之前にても會尺斗にて乗べし不可無口事、右足左足風前後之事御證之礼有事。
一、結厩之事
是は早乗の傳也。ことくさ（よもぎ）をはつめのわかなる派をつりて右をふしかねにてしめし引込塩沓をうち一夜置一両日は石原を乗りても宜也。鞍置よふは前鞍よし。但取る髪え懸る程にをくなり、乗出し様は三里位も真の地道夫より上地道乗るそろ〳〵多く是を乗也。鐙は平日乗より横手一束も長して乗べし、鞍よふはかけなりよりも流して踏べし、蔵下すかし前輪に懸り馬にあらそわぬ様に乗べし。道の悪舗処は下馬すべし、坂も同様少しの悪道は真すくに乗上るるべし。片道え乗る事大にをくれとなる。尤口は度々洗事肝要也。息をくれ候節は風下にむけべき事口洗候後は息合薬を飼ふべし。水なき節は野中の清水青草其侭か喰する也。

附　長命策　　人参　五味子　山薬　各五ト
　　　　　　　黄苓　天南星　各貳ト
右五味細末にしてねり合用いる事
麝香　一朱　　人参　一両　　朱砂　一両
甘草　一両　　桔梗煨　三分　　茯苓　三分
香附子　二分　　黄柏　二分
密六両にて右八味を錬り合用、但布に包轡のくゝみえ付けてもよし。
策の外に三尺貳寸位の竹を四つ割にして其端え結び木残切のよふの抱に結び用ゆるそれへ水呑所にて水にひたし水持なり。四つ割の竹を鳴ひゝかし進まらむ必策は打にもあらず馬の気を軽して其気をうぼふを要とす、まれに打もの也。
一、息合薬
一味三味と申て甘草三つを合て用也。狐色生甘草黒焼右三味細末にして麻のきれに包み轡のくゝみえ結付乗行也。亦延齢丹を用る事。
一、桜花散
しん砂白粉細末にして用る。人馬すれによし。
一、弓請扱之事
木のしけりたる所え乗通し節弓のうらはつ橋かねえ通し抱持也。強きれたりと時は後の蹄えうらはつをあてゝ張る也。又鞦の左右の下りをむすひうち越して一から之からみて張る也。手を揚る節は左の力革の下より鐙踏込え弓本はつをあて馬のひら首に弓をあて膝にておさへ乗也。左の前え射る時は右の鐙を開き射る也。右の前え射る時は左の鐙を開き射なり。錆は臺尻と筒先の方を三尺手拭くよふのものにて結ひたすきに懸前後に自由に廻るよふにして持也。向へ打節は左の鐙を開き打なり。玉薬をこみ候節は左の鐙の踏込え我尻を當てこむ也。尤くわんの徒を口にくわい打べし。

一、鎗太刀扱之事

先立て鎗を持し節は石突を立て持なり。鎗ほさき合して諸鎗をいれ突べし、場陣の節は石突を橋重え通し持也。太刀打は切先下るもの也。抜節は鞍をつつ立てすき拂也。片手にて打つ節は右の脇の下より手を入れ打也。行違様に打節しころの下より切上打べし。鐙の働は突斗に非ず敵を多ゝき伏す事第一也。

一、芝繋之事

前輪の見込より左右の手綱を通し前足の小うてにて留也。是は道の廣き所にて用る事又見込より通たる手綱を一からみからみて切付とはた附の間へはさみ置も宜き也。是は道のせまき派にてしさらす置也。又髪中にて左右の手綱をむすひ置も有、是は至てはやきことに用る也。

一、千里沓之事

白糸をしんにして茗荷のからをほして作る。又万里沓は鯨のひけをせゝなきにひたし置けば和かになりさけは糸のごとく細くなる。糸縄にて沓かき用る也。

一、童女馬上之事

童女馬上存致候節は左右の鞦の下りを取鞍の見込へ通しむすび留乗せる也。是斗にては利用薄し、後の腹帯をとき用る事。

一、楠三俵附之事

左右之鐙を鞍の上にて取違ふみ込え壹俵つヽ附又壹俵は鞍え附鞦を十文字に取違前の見込え留る也。

一、組討鐙の事
内の方より臑をまわし力革をからみふむべし。諸鐙を入る也。軍用の力革は四寸を用る陽数故也。萬事陽数を用る事。

一、乗切之事
早輪千鳥馳鹿子馳を乗也。是は急用の節乗もの也。但乗るやいなや拍子につめ乗切る也。上肝の馬などは一丁も其余も地道を乗る馬の落合を其侭にはら〳〵と乗行なり。尤息合を考べし。

一、物見之事
犬走り踔足を乗べし。敵の飛道具ねらいつかぬため也。鹿子馳どくり馳等を乗こともあり。

一、忍轡の事
忍轡は左右の手綱を取違口の内にて水附を取違のれば唱らぬもの也。

一、辻善悪之事
軍馬の辻などは馬の胴を半分に割前の方に有辻は不苦夫より後の辻はきろう也。中にも尻辻等は甚だきろう也。

一、針之事
壽星之針百會の針尾筒の針先気なき時の事発すくむ時は針をさしむ事傳也。舌の針息きれかわきたる時甚だ進み薄き時尾の先細縄にて強く巻置也。馭者は馬針掌中可有事針なき時は小柄かふかい等用る事據せゝりの針と気つけの針也。
一、萬病薬の事
土龍黒焼にして野中の清水にて半銭ほど飼ふべし。是は馬のにわかの病に用る也。
一、霧の粉の事
赤い鰒鯨かけほしにして策の総につけふるなり、きりかすみの様になりて目鼻にいりて敵なやむなり。
一、龍のさゝめやき手綱の事
琴の糸え萑の血を塗舌結乗れば断く事なし。

居治不忘乱者古之良法也。今上好騎馭之術不厭愚臣。不肖以其術令聞之愚臣。不勝怖懼之情故采此秘巻以聞焉。

第三節　大坪流

流祖は、室町時代前期の人大坪慶秀。廣秀ともいい、幼名を岡崎（一説に村上）孫三郎、左京助、式部大輔と称す。将軍足利義満、義持に仕え、剃髪して道禅と号した。馬術は小笠原政長に学び、大坪流を開創した。応永十四（一四〇七）年十月十七日（明応元年五月十四日、八十四歳とも）没した。

盛岡藩へは、元禄年中に能勢頼春に学んだ中田勝友によって伝わった。

○大坪式部大輔慶秀―村上永幸―斎藤国忠―斎藤好玄

斎藤芳通―細川貞仲―上田良房―武田家時

能勢頼通―森　長明―能勢頼春―中田與五兵衛勝友

工藤彌七郎祐秀―工藤利兵衛祐仲―大嶋治郎兵衛供品

美濃部長老右衛門久元―川村六右衛門秀之

鎌田市左衛門

奥山彌七供定

村松喜八郎高遠―村松喜八郎高寛―村松権太夫徳高

都築丈助高安―戸来官左衛門秀包―村松喜八郎高光

謹敦公

南部利済公

倉舘理兵衛峯見―四戸陸左衛門宗燕

彦太郎公

「英麿公

【流儀ヶ條】「大坪流馬術」倉舘理兵衛

一、外物　二十三ヶ條

一、表　二十七ヶ條

一、女利安

一、手綱目録

一、和歌書

一、秀幸論

一、中之巻

一、絵図之部

一、息合之巻

一、秘傳書

一、中位

一、免許

一、皆傳

右之通

【伝書】『大坪流初段手綱目録』（もりおか歴史文化館蔵本）

馬道具仕掛見様之事

一、馬の右の方より頭え廻り轡のしかけを見て左の方より力革を長さ心に応ずる程に積り後廻り一間程馬との間見合通右の方え馬の後より廻り尻貝の積気を付むなかひを詰る力革の長さ気を付腹帯のメりを指を入見メりすきれは馬つよたつなりゆるければ鞍廻る。腹帯のしまり肝要也。

前渡三足之事

一、馬え寄に馬の右の方前足と人の間三四寸置て立手綱を鞍より右の手にてはつし左の手え取よれぬ様にして手を起し手前え伏せ見れば中に十文字出左上に成右下になる右の手にて十文字の所をとり馬の取髪の方えこき上左の手に持たるを寄せ右へ一所に取輪な二つを出る一つを向へ打越左右え輪な二つ下る鐙の通りに立直り鐙の舌先を左の手にて押へ右の足を少しひらき右の手にて手綱と取髪を持添右の足鐙へかけ左の手後の山形の内の方え向へ手をかけ馬え上る時後の手はなし袴のまち前へ引出し直し乗也。又大長けの馬は左の手後輪の方の右の方の塩手え取付あがるもよし。

手綱嗙之事

一、馬に乗右の手にて手綱を持十文字を手の内に握り輪な左の手にて中程を取袴まちを直し引合迄引揃袖下の方え手綱を引左の小指え懸大指と人さし指の間左の手綱前輪と轡の間より外へ大指かけすくひ押て小指と薬指の間より手綱を出し右の手の手綱左え持添右の手をあけ襟引直し袴の引合引揃右の手綱中程より左の通に内より外へすくひおさひて小指の間より出す口傳。手綱さばくは右の手綱は右の手にて左の字書左は右の字かく則馬え手綱を知する事也。乗済手綱を納る時馬を立右の手綱左りへ大指と人さし指の間え持右の手を上左の手綱上なり取右の手綱下にして右の手の内十文字取左の手綱後へ引延しよれぬ様にして右の手へ中程を持添取髪を手綱と持添左の手鞍の前輪腹帯留へ内よりかけ左の足鞍の外を越左の手後輪の方へかけ下り後輪の内の方也。足あろし手綱はなし前輪へ手を添後前の鞍え手を懸向押直し脇え退べし。

三六寸之事

一、手綱取に前輪と拳の間六寸拳と拳の間六寸馬の取髪と拳の間高さ六寸に取是は不断の寸法三段三六寸外に傳有。

四面之鞍之事

一、中の鞍なり馬に乗鞍の中に居膝を開き拳立て取肩を落し和らかに鐙足大指の間えやなひはを踏みはさみかゝとを舌先の内に置目付馬の耳間より馬場三間先地形に目付べし口傳有。

會釈之事

一、馬を静に乗地道になり手綱を引に和らかにして肘より引に手の内握る心に指うごかし引とめす心左右たかえに引べし。手の内引時しめる心に引口へさわれば地道はゆくなる也。馬に寄勝手次第乗かけあるなり口傳有。

細波之事

一、馬はやむるに手の内握り免すうこきを付て轡さら〳〵とならす、肘に重りを付て手先斗にて手綱引馬段々に早く成時細波をせすに手の内和らかに釣合馬はこぶに連て轡動くなり。釣合肝要たるべし条々口傳多き也。

〆切之事

一、馬より急ぐ心有時少し膝を開き手を下げめにして握り免す引と思ふて免すゆるされて馬足急ぐ事しつまるなり。是は地道の内乗に構す何時にてもつき出す口あらば引て免すなり。馬を止るに引てゆるせば止るなり口傳。

中之鞍之事

一、四面の鞍之事なり。前えこごまらずそり過もせず左右え曲る事なし。膝を開き上より裾え廣く見得る様に乗心持不笑不怒平を用ゆべし。

前之鞍之事

一、左右の手綱膝頭と見合対様に開き押へ前え懸り乗後中の鞍えさわらず乗べし。

後之鞍之事

一、馬前え出すにそり後輪の方柚木え鞍下當手を高く取鐙は小八文字にひらき乗馬出る也。

折目之事

一、馬を打に乗入の所へ乗合より乗入に左に返すには右の方へ少し乗ひらき右の手綱馬の首へ添左の手綱左の腰の根え引腰より三四寸引放し少しそり鐙ひらき腰にて馬を取廻す様にして後を尻貝の十文字へ目を付心持に廻し又乗出しの所より乗合まで強くなく乗合より馬に馬場先を見せ乗べし。

片鐙之事

一、右なりとも左なり共片寄心有に片寄方より鐙をけると鐙をしめべし。馬片寄心さそわれて直なり。

諸鐙之事

一、馬先を疑ひ不進時両鐙一つに當る後を鐙あてるとふみ止べし、馬かならず先え出る也。

片き免之事

一、切る馬右へ餘りゆかば右の方手綱少し上取髪の所え一拍子におろし手の内おろす時しめる鐙同様にあてる馬餘る事なし。尤止る所見届て手綱免すべし。早く免せばかけ出す事有。

諸き免之事

一、馬乗の内足をぬき又は道にて通り兼る所有に手綱左右へ當鐙一つに當しめて免す。鐙のはやめ手綱少々後とたんに挨拶有べし。

右曲之事

一、馬場馬数有時必馬合せ有り。あたり両方あやまち有る事も有馬除兼に心懸なければ馬合するなり。右より馬向より乗懸来るには左へ馬を寄べし。右の手綱左の方へ押へ左の手綱は抜き右の膝前輪の方え押付て右の方へ少し曲り手は左の方えやるべし、馬寄なり。

左曲之事

一、馬左りより寄は右曲のごとく左の方へまがり右除べし。

嚼渡し之事

一、はみ右えぬき左の方に鏡に付片釣合の時口うけにはみ渡すに右の方手高くし向えつく左の手つくと少し引はみ移すべし。左へはみぬかは左よりさの如くはみつかふべし。

割留之事

一、馬の口割に強き方手を上押へて引右後より手を上押へ引はみ返しやうの丶字返しにして口割対様に手綱引會釈せずに鞍鐙にてさそひ口に強みを付引合乗べし免すに折目にて口を引しつかに乗かけべし。都てよわき方より先にはみ返し乗べし、強き方は後よりはみ返し乗べし。

馳出之事

一、馬に馬場先を見せ静に落し付鞍下二寸程透し鐙能ふみ腰をすえ鞍下透し前え懸り手綱の端を取鞍二つ三つ跡え當り馬出に鞍下透し前え懸り鐙は馬の上るにける馬しつむにけることをせず。鐙は其身の心次第に當るなり、前へ鞍をつく様に膝を押下げ膝と腰の釣合心懸べし。

左繰留之事

一、馳の馬留口にて手綱馬の口へ引當に二つ三つ轡引て免す足ちかわせそれより〆切二つ三つして地道に乗べし。

取留之事

一、馬破れ引口にて折ぬ時右え折に左の方より片きめに當り馬を表し左に馬の気を持せ右の手綱左え持添右の手を上右の手綱をのへみつつけの所より一尺も置聢と取止るに逆手に取詰右腰の根え手を返し引付右の膝を開き前輪え押付右の肩肘共に後へ開き左の方より鐙をさそうべし。己と折ぬといふ事なし。

しなひ引之事

一、右口強き馬和らくるに右の方の手綱を返し常に根え引付免すに手を立右の手綱持たる釣合の所え引と免すべし。引と膝前え出し引べし。肘に心付るなり、左より引も右同然也。度々左様に乗は口己と和く引免す手早く乗べし。

上悪之事

一、上口を引事手を上肘を強其身の乳通えそり引馬後へ一足も二足もしさらかし三段に前へかゝるやうに免すなり。

中好之事

一、口を引に中口は何程引てもあく事なし。常通に手を引少しそりて引前へ懸り引免す静にそろ〳〵と免すなり。

下用之事

一、下口の馬引に手を開き前え懸り手綱を押へ後へ引馬しさる免すに手の内さへて一拍子に免すなり。

右貳拾七ヶ條者初心之方馬え向手綱槩也。

「外物」

引留之定木

一、人常より下を土に入抗の如し常より上を抗の土の上にたとへ馬をつなかば根えつなくうらへつなけは土きわくつろきよわし、手綱も上て引はよわし、常に付根へ引付て腰を答そりて肘をひらき引は鞍手綱共強し。

多くを乗事

一、多くを乗に前え懸り手を下鞍玉を取乗は多く足出る、轡の拍子につれて一拍子に足とつれてくつろくなり。馬に寄左様に乗ても足かたく口かゝらぬ馬は口を強くなく割釣合鞍玉強く此方より當多く足二三度も乗懸後に轡免し多くを乗は馬くつろきてよきもの也。

打手綱之事

一、馬片寄に寄方より手をよらぬ方へあけて打べし。己と轡馬の方へ當る寄事止なり。

切手綱之事

一、場中にて右にても左にてももたれる時廻はすにも廻らずもたれる方へ懸り肩を落し膝を抜き肘をはなし口へ三つか五つか七つを定下口へ切懸馬首直すと釣合能とり乗出す也。

小舌はつし之事

一、轡に舌へ懸り乗悪き時馬場末へ乗行折目にて馬を立両手綱高く取強く引上ずして左右の手綱摺合る様に轡を左右え嚼をあそばせ舌越引上手前へ免さすして手綱を前の如く構をして乗出べし。

桜返し之事

一、折目にて不折肩を出しはし先強く折ぬ馬を折外の手綱高く上手を向へのばし馬の鼻の上え引手かゝる程手を内の手廻す、手と一所に腰え引外の鐙を強くなくさそひ返す度々左様に乗に乗につき出し折ぬ馬和らかに成後に不断之通折れる也。鼻ひつえ引手を當折るゆへ桜返しと名付たり。

外引之事

一、馬或は垣根等壁なとへ身を礚と付出ぬ馬あり、左様の時は付たる方より何様にても業ならず、外の方の手綱向え述べ平拳に持強く一拍子に開き己と付たる方のかゝみ馬の口へ當り付たる間少しくつろくなり、その時付たる方の手綱口へ當り馬を出す、夫よりしさり口を引乗べし。

引上之事

一、廻すに廻り兼る馬廻す方の手綱高く手を起し引上外の方の鐙を當後え引べし。肘強くしめて廻す肘よわければ手引さけらるゝものなり。

打違之事

一、口を上け下けするを打上と名付左様の馬打上の時左右より打に拳あたる一方の拳を上け一方を下げ手を違打合せ早く免すべし。打上必留るなり。尤平拳にして打べし。

繰上之事

一、馬を廻し込時引上そりめに成手を伏手綱強く握り後の方え肘を回廻し口を釣上何扁も廻す、馬さかたつ時廻し口を引免さば静まるなり。

袖返し之事

一、はねる馬鞍の内出す趣心に移ると両手を上げ立上り釣してゆり合一方の手綱高くして肘を手綱の下より内へ入れ肘を後へ上て廻す。馬の口引上るに鞍をひねりくる〳〵

と廻す、車返しと名附たり。水車は一足に廻す故馬倒れる事も有立上り引べし。

詰手綱之事

一、折留るに手綱長くなり折に長き方下より外に手を　向の手綱へ指のはし手綱からみ手前へ引二重手にからみ引は一尺の手綱の詰りになる。右にても左にてもその時の見斗に詰べきなり引付て腰へ手を付かへして押腰をひねり膝を前の方へ出す。鐙は小八文字に踏なり。

押手綱之事

一、馬立とき両手を下げ塩手也。一方取付一方へ手を下げ少々引ば馬足おろして直るなり。

引當之事

一、馬込気出るとき折目にて折たる内の手綱一拍子に引に手の内引留握る早く免すべし。鞍をそり後輪を強く乗馬いとまらぬ様に乗出し馬出るならば鞍を直し静に乗べし。

柳引之事

一、破足馳出す時折返しに後次にても驅出さば一方の手にて向の手綱え指を三本なりと四本なりと上より置手前え引一方の手又向へ取詰たる手綱の水付の所へ手を置腰え引付折間とらす折詰べし。

水車之事

一、馬を廻す事、はねる馬込馬によらず廻せば馬難義する、廻して免し廻し少も曲の心有内は馬の飽程廻す、馬をこめる仕置なり。手を上ても廻す腰え付ても廻すと心得乗べし。

摺留之事

一、馬走り引口出る時手を下引詰二つ三つ左右えすり合さらりと免す、馬引口止なり。

摺引之事

一、手強引馬を引出すと膝を開き手を腰の根えおこして引付そり鐙を前え踏出す、かたを左右えゆり合て引口へ摺引に當る馬とゝまらずは取留に折べし折ぬといふ事なし。

摺出し之事

一、居留り出ぬ馬手綱を少し延し二つ三つ手軽く摺合鐙を両方共に當る己と馬出るいてゝ静に釣合取て乗べし。

當手綱之事

一、いとまるを手を上起して上口へ打上口に當り出す居留る心あらば幾度も上口え當る一方當る馬も有両方上に當る事も可有心得可乗事なり。

居込之事

一、引馬引出すと膝を開き爪先能踏かゝとを上あをりへかゝとを付左右共に能踏手綱を引そりちり〳〵と強く引、足は身働は鞍ひつみ鞍より落る事有必ひつまざる様にそりて構ゆべし。

目付之事

一、馬へ乗耳の間より二間半三間馬場の地形へ目を付段々送々物見を付乗地道乗済己と馬場乗後有故後には大方に見渡して乗馬場筋曲り又は馬場乗筋多く乗物は不案内より起る功者は馬場一筋ゆへ乗後能見得折目右を内にかひす時は少く左を内にかひす時は少し大振に廻す乗出しに馬を向乗出す所にて乗出せし通に馬を立しつかに折べし。

拾五之鞍之事

一、前中後三つなり。一ヶ所四面之鞍中之鞍の事なり。亀の尾を馬せんの上にしき両方の股のとかり骨両の柚木の上に居る一ヶ所に三ヶ所の當り前と中との間に乗後と中との間に乗鞍五つなり。一ヶ所三つのあたりにて十五なり。

右二拾一ヶ條馬曲起る時向仕掛也。前二拾七ヶ條合而四拾八ヶ條手馴外之手綱多雖書見手綱之礎巳工夫出者也。手綱之数五百六拾参手綱有可心得。

森勘解由亮　在判

寛永十四暦正月吉日

能勢勝左衛門　在判

能勢勝左衛門殿

寛文三年三月十一日

中田與五兵衛　在判

中田與五兵衛殿

元禄十四年九月廿五日

小吉事
工藤彌七郎　在判

工藤彌七郎殿

正徳五年九月十三日
工藤小吉殿

工藤理兵衛　在判

寛保三年十月吉日
大嶋源八殿

源八事
大嶋次郎幣衛
奥山彌七
村松喜八郎高達（花押）

文化十三年正月吉日
村松権次郎殿

権次郎事
村松喜八郎高寛（花押）

文政四年正月吉日
村松権太郎殿

権太郎事
村松権太夫徳高（花押）

文政十一年正月吉日
都筑丈助殿

都筑丈助高安（花押）

天保三年二月吉日
戸来久人殿

戸来久人秀包（花押）

弘化三年五月吉日
謹敦公

【伝書】『大坪流乗方和歌』　（もりおか歴史文化館蔵本）

上口やさけめ下口上角や　した角かけて五方とそいふ
角の名は大角小角六つの角　さてまた二十七方の角
口の中一つの角をしらんとて　たれねもとむる二十七かた
打ぬ鞭うつ鞭かけてその長さ　壹尺五寸ありとこそ聞
鞍の上十五の曲とあぶみには　八つの品あるものと知べし
馬ことに左の足をかけぬより　乗手のこゝろ頼てもそ知る
乗はじめ乗治ると気の勇　ときに會釈をさせて乗べし
かんせきや海と川とを渡す時　乗手のこゝろ馬によるべし
心さへあしききをもてつよき馬　ものをこすにもたのもしきかな
手綱しらずあしく乗よりのらで置　さて乗人に口をひかせよ
たく〳〵に大かけ廻すりうこかた　つらむおりをも時々は乗
なふられて一曲直れば余の曲も　つれてなをると心得て乗
しつまりて後は遠くも乗にけり　はねてあからばをく乗べし
強口なか〳〵はやくなをれるは　鞍かすゆけば弱く成べし
しさくつゝはねてあかれる馬ならば　名車にて折こめてのれ

心より朽ちあしくなるものなれば　口よりおこるこゝろもそ有る
能乗て足ほとくれば口そいる　口入ぬれは足ぞほとくる
此手綱なつとくの分なくしては　口なをらぬと心得てのれ
物を見て馬たけくして人くひも　口能のればなおること有
出場あらき馬はこゝろと鞍の下　手のうちあぶみわつくりと乗
足ほとけ口入こゝろしつまれる　この輪の乗のさとりにぞしる
足つよくしやうとく過て行馬に　人の乗程いかでなをさん
過物にこゝろ手のうち鞍の下　あぶみをふむも女房ぞ能
能乗て過るよふにはみゆれども　したひ〳〵に馬ぞしたよふ
つい乗てよきよふなれとえのらぬは　次第〳〵に馬ぞすきゆく
さゝ波にきかうをそへて扨はまた　父母といふ名を人にかたるな
過て行ときはこゝろと鞍の下　残る二つはあぶみ手のうち
手綱しりの手綱知らずと云ことは　すきて稽古のなきが故也
手綱しらず手綱を知るといふことは　すきて稽古をするが故なり
人の見て上手の名をば故ぬれど　手綱しらずは口は直らじ
人の見て下手といふとも口傳して　乗はいかなる馬もしたがふ
馬の口はひきて引ざる物なりと　稽古をすれば馬ぞしらする
極楽のうちに有けるこの手綱　くちの九品のこゝろもそしる
鞍直をしてせざれとよあふみをば　ふみてふまされ引てひかされ
此歌をいまだ口傳とせぬ人は　聞ていかでかこゝろへてまし

みさこ鳥二つ物にて乗むまは　いかにもそりて口つよきなり
なをさりの馬にその名を忘気　たゝ一乗の法とこそきけ
夜乗と遠き道うち乗ぬれば　こゝろ静り口ぞいりぬる
悪く乗は馬くたびれて口いらず　乗手にあひは口ぞ入りぬる
しさるには四寸八寸三ヶ月や　このむか如く水車のれ
過物を乗て家路に帰るとき　行たる道をかえてとぞ聞
はやる時はいかにもまけて乗て後　しつまる時に口を引べし
おもかひと銜の口傳心得て　一手一眷くらかすをのれ
人引にきくつほの鞭扨はまた　しさらぬ馬によめといふ鞭
手綱とは手のうち鐙鞍の下　折つまわしすしさらかすべし
あしからぬ馬にも足をいたすなよ　いかにもこゝろ赤かく乗べし
口の中わるき所をしらんとて　底までとくる手綱をぞ乗
口の中角をたによく引おれば　人おもひかす口ぞ入ぬる
一も二もすきより外の事ぞなき　三つにとりては気ゆうなりけり
馬毎に曲もの也とこゝろへて　返す〳〵もこゝろゆるすな
乗たひに鞍の置よふ扨はまた　腹帯をしむる程を知るべし
過物をまつ乗庭はせまきには　さて其後はひろく乗べし
徒くる馬庭にて乗るはすみて乗　さては一二の手綱にて乗れ
ねは口に鞭をもきかすのりもなき　馬をは何と責てなをさん
呵聲鞭におどろく馬もあり　それをもちひぬ馬もこそあり

にくち有てひくきのあらん馬はたゝ　近く折こめ利をさせす乗
ほそき橋ほそき道にて行時は　人をみるよりおりて引かせよ
行連や障子のほねや盤の上　くわんの木とをし乗て曲なし
人くらひ馬たけくしてあらき馬　きらひてもたぬ事ぞひし也
人ならす教訓すれどかひもなく　おしへをきかぬ馬もこそあれ
とし行ていまだよき手にあわぬ馬　乗手に逢ばなをりもぞする
駒馬のいまだくつわを知らぬをは　口にあたらずとふかけをのれ
あかり馬はね馬しざる馬ならば　車をのればくたひれぞする
轡渡す馬はあたるに直るなり　さては手綱をとり寄て乗れ
ひきて行馬に雪敷ゆひとゝめ　ひさひにそゆるきくつほの鞭
首おれてつよくなえたる馬ならば　ふたつ鞭にて責てなをさん
あかり気やしさり気あらばしつ〳〵と　さからわてあしもち乗ばし
人の如くこゝろ臆病なる馬は　手綱そいらずものにおどろく
此口を引なをさんとおもふには　ひとなき野山よるやのらまし
我手にはあへとも口をくわざるは　人の乗程いかでなをさん
口つよくきはに懸つめて行馬も　さゝ波父母をのれは口そいる
馬ならず乗手も心しつまるは　夜乗ほどのよき事はなし
過物にかたをさだめず乗ときは　我こゝろをももちやうぞある
口つよくそりたる馬もかた口も　したらぬ馬もきかふ父母なり
甘口のその裏にしもあらねども　しさるをよきとおもふはかなき

足のれば口もおのれと入ものを　知るやまことに乗得たる人
角の口よく引おれば人ひかす　よろずの曲も直るなりけり
鞍の下手の内あふみ我こゝろ　よくあひぬれば馬もしつまる
足ちさすさからわて折て尻引に　さゝ波乗はしまりぞする
中る引にしつまる馬はよめの鞭　小角大角また鞍の下
足を乗よくつめゆるし心得て　四寸の鞭にしさらかすなり
一つ手に一番せめてくら敷に　乗ほどしれば馬ぞ手に入
したかふてしたがわざるとこゝろへて　いかにもこゝろながく乗べし
口と足此両方をこゝろへて　よく引のれば口やなをさん
曲の馬過たる馬も乗はてゝ　工夫をすれば直りもぞすれ
人毎に手綱のあやを知らずして　教へいかにとおもひけるかな
過物のこゝろもしらず口かくす　馬にははやく足な出しそ
三所をさくりて口を引ときは　底までとくる手綱をぞ乗
はやるとき馬にのられてしたがひて　しまりて後口を引べし
おもかひと衝に乗ものそとは　馬数乗ておもひとぞしれ
達者なる馬乗なりと名をとりて　口なをらずはいかていわまし
百息の馬といふともなか鞭に　一度せむればしたかひぞする
さゝ波にしり引父母を知りて後　折もまわすも馬にしたがふ
口つよく人引なりとみさこ鳥　わすれ気にて乗ばしたがふ
好もなく気やふもなくて此手綱　口傳するともはかなかりけり

好きやうありて手綱を口傳せは　さながらおにゝかなふさひほう
さゝかにの糸ゆりかけてこの手綱　口はるりよりもろきをぞ知る
はやくなくおそくはあらじかるくなく　おもきこゝろはあしきとぞ云
鳴子をばおのがはかせに引たてゝ　こゝろとさわく村すゝめ哉
何にとたゝ雪や氷とへたつらん　とくればおなじ谷川の水

森勘解由亮
能勢勝左衛門
中田與五兵衛
工藤彌七郎
工藤理兵衛
大嶌次郎兵衛
奥山彌七
村杢喜八郎高達
村杢喜八郎高寛
村杢権太夫徳高
都筑丈助高安
戸来官左衛門秀包
村杢喜八郎高老
倉舘理兵衛峯見（花押）

慶応二年十二月吉日

英麿公

第四節　心強流軍馬術

流祖は、熊田甚五兵衛といわれるが、詳しくことはわからない。工藤祐英以降は大坪流と併伝した。（軍馬というのは、戦場における馬術のこと）

○熊田甚五兵衛―工藤彌次右衛門佐一―似鳥孫左衛門孝忠―

―四戸仁喜太夫正時―八戸信有君―新田小山治吉巌―

―工藤利兵衛祐英―大嶋源八―大崎次郎兵衛―

―村松権左衛門―村松喜八郎高遠―村松権太夫徳高―

―都築三郎高安―村松喜八郎高光―戸来官右衛門秀包―

―福田甚五兵衛興綽―中館勘左衛門儀知―福田諸領興仁―

―四戸幸馬政負―四戸弓馬政之―四戸仁喜太夫―

【伝書】『心強一流軍馬釋書』（岩手県立図書館蔵本）

凡軍馬は第一かん心能すなをに爪四足ぢやうぶなるをよしとす、長三四寸より内にして首轡中なる馬といへり。其子細は高過ぬれば鎗長刀諸道具持たる時頭にさわり安しく又はものひろ過たるは細道壹つ橋のり通すにあしたせば過たるは上り坂にて弱し中なるともをよしとす。髪はしたになせるがよし、又轡高過たらばこゝみ縄をさし乗たるがよし、又乗かへなき人は目にたゝさる馬よし。子細は夜討夜しのびの時よろしからず、就中白馬は見得安くあしく其上度々馬洗すれば毛黒み見分も見ぐるし、又大将たらん人は色馬にのれるよろしからんか。但時所にもよる。但しさめ馬は目あたまにて目見へかねるもの用捨あるべし。

一、軍陣にて馬征所征き心得の事

陣小屋の内にてわが身と小者中間の居申間え馬を懸る也。其繋様は鐀なり共学木也共取集馬のはつなを夫え結付地え穴を掘其穴え右の結付たる木学にても埋置上へ土をさらりとかけ其上へ敷物をしき寝時は其上に寝也。繋柱入事なし、右の通左右へ繋上に人寝候得ば夜討等入成る陣中強敷事ある時馬はやゝいばひ其聲にて人目をさます也。又他流土穴を馬不上程に掘前を高く坂にしておし込置前へやらひをいふ共あり。

一、馬上にて大将え口上申様の事

大将の馬に乗給ふたる御右の方より廻り御鞍の四保手の程え目を付我乗たる馬の首をむけて大将と我が乗たる間九尺程隔て我が鞍の左の方の四保手に手を懸口上云べし、尤左の足も鐙をはつすべし。

一、同甲付様の事
鑓合時は左の膝の頭へ甲の内をかむせ又太刀打の時は右の膝に甲を掛る。緒の附様は同然也。馬上は膝あやうきにより鎗合太刀打の時右の通左右の膝に付甲をかむり候にもぬき候にも最前之様にして息由也。

一、同首附様の事
首一つ取たる時は鞍の前須濱の処へ首をおし付面をば向へおし髪をすはるへ引込、糸か縄にても結付る。首二つの時は前後の須濱へ右之通結付也。五つ六つ付る時は四つの四保手に付法師の首は髪なきにより四保手に耳を引出し笄にても耳に指通し四保手に懸る也。

一、太刀抜様の事
手綱を左の手に持太刀の柄を越し太刀の鞘鯉口の処を手綱持たる方の臂にて抱へ抜拂也。

一、太刀討仕様の事
太刀抜等で我が馬敵の左の方斗何時も乗懸候也。

一、鎗合仕様の事
何時も敵の右の方へ斗我が馬を乗る懸る也。

一、鎗持やうの事
鎗の拘を力革と我が股するに入石突を鐙の沓下へ立右の脇の下にて挟み股にて鎗の柄をしめ持也。是は前後問たる時の構え様也又鎗の穂先を左の方へ横にふせ鎗腰當にて持たるもよし、又鎗腰當なき時は帯一筋の間へ鎗の柄を入楊枝にても四寸の鞭にても指入とむる也。
一、歩行立と仕合心持之事
馬上の者をば歩行立の方よりは馬の頭に付たがるもの也。左様に後に付ては馬上の方より働にくき物なるにより何時も向へ斗乗かくる也。歩のもの中にして輪をかくるもよし。見合べし。
一、弓張様の事
上はつを地におし付身をおしかへり張也。但し馬の後足の通え上筈を立る也。はつを地に付あふみにて張もよし、左の手に弦を持右の手に弓を持脇の下へ弓を入左の手にて弦を掛るもよし。又小者召連る時は小者の肩へ上筈をかけもとはつを我膝へもたせ張てもよし、はづすにも同然なり。
一、弓持様之事
一ひろ半の布にて弓の握の上と握の下を結にそくにかくるにそくのかけ様は右の布を右の肩にかけ左の脇之下へはづしかむる射る時は首よりはつし射る也。
一、鉄炮持やうの事
鉄炮のうてぬきの処と臺柄と後先に一覆半の布にて詰付にそくとかけ討也。但玉薬次時は鐙の沓下え臺尻をつき立つく也。又膝臺にて討時は左の足を鐙よりはつし上切付をふまへ討也。又鞍堅めなき時は左の足を力革の間へ入付也。

一、足軽に鉄炮為討様の事

足軽二行に立一番に討足軽玉薬次候間に二番の足軽討候也。但足軽一立と申時は鉄炮討ん足軽四人より持ん足軽一人宛指合五人一立に仕候、又足軽とも働き気盛んになりて矢玉討出し候に敵の上を越し候あたり不申事有べし。左様の時は下知人足軽にむかへ敵の腰に目を付討べしと教る也。

一、両脇つかひたる時乗様の事

向の方より乗候時は鐙の舌先を以馬の頭の方へ引廻し乗上候、又後の方より乗候時は尻かいの下りを取鐙の沓下へ入上て我足にてひしとふまへ乗上り候也。右口取のなき時一人して乗候にもよし。

一、芝繫之事

鐙の舌先を面かいへ掛置も有、又手綱にて両足を結も有四保手に片方の手綱を結付るも有。

一、前輪下りの事

下り様は左へなりは右へなり共下り候方の手にてむなかいを取左の方の足を力革とゆきとの間へ入足にて引メ左の手にて前輪の手懸にひしと抱へ右の方の膝を折まけ鐙の内へ入下り候也。左右同然。

一、貫抜通し乗様の事

指物さし候ては小門持乗通り候事成難し其時は左右脇つかへず候と馬の脇に我が身を横にひしと付通るか又うつふしにひしとかがみて通るか又後輪へひしと反ても乗通す有。指物さしたる時はかがみては指物の横手門に閊て通り難し反て乗たるはよし。其場見斗ひ肝要也。

一、折留乗様の事

馬馳出したる時留様也。一三に馳出し申は右へ成共左へなり共我が得たる方の手綱の水つきを取馬のせんつを見こしてうしろ角の鞍に當りてひつしりと折留候也。

一、前後おり立の事

馬一三に馳だし縦は堀かがけなる処飛入んとする時馬より急に飛下り候右おり様は右の方の手にて尻かひのくい違を取左の鐙を越すと一拍子に馬の後足の通えはねおりいまた後の方へたく\と尻去りし候、右のかいなにて馬の首をかひすさみ前足の通へ一拍子に飛下り候。足は何ともせんかたなき時の事也、左右同然。

一、組討仕様の事

敵と組合上事をひしと取する用を馬に當馳出させ候此方は強き鞍なればはなるゝ事なし。敵を腰を引付る也。敵を指殺不申内は馬の足をとむる事なかき又鞍堅めなき時は敵と取組両方のあいへ落るおち候時敵のきん草すりの下より上ふみにけべし、馬上よりは先に落候方下にて上になるもの色々様々の傳有よく\心かけべし。

一、内鐙乗様の事

乗様は力革と切付の間へ左右の足を踏入鐙をふまへ前え強く踏張鞍をそりて乗也。

是は鞍堅め不仕時の強鞍の乗様也。

一、馬沓拵様の事

鯨の髭を薄くけづり沓に作る也。乳と緒には麻糸をよくなへてする也。鯨の髭なくばみやしがのくきを取集め塩水に煮四五日ひたし取上てほしたゝき細かに引さきて馬の髪と取合沓に作る也。ヶ様の類にて作り候得ば四五十日続け打候得るもきれ不申候。人間の学難にもよき也、又古き紙結の破たるを細に引すき女の髪と一つに取合沓に作り候、引緒も同然なり。

一、袋手綱拵様の事

軍陣にて常の手綱は太刀等當り切るゝ事有により手綱細くたゝみ水付の処二三尺の間袋に縫なり。鎖を入て吉、又常の責馬の時は片方へ斗首のまかり候馬有、其時右の手綱の中へ鞭を入曲り候方の首を押へ乗候也。惣じて陣手綱は一丈二尺なり。

一、二重腹帯の事

腹帯の長さ一丈八尺也。但し馬により其内にもする也。染様は紫又あかねにても手綱の如く染也。馬の背に當り候通二尺五寸の間合にいたしうちへ綿を少し引所々縫切り背の痛ざる様に仕腹帯仕懸様綿の入たる処を背に置て其上に鞍を敷引廻し切付の穴へ通し鞍の上にてメ其端を前輪の手懸へ廻留候也、メ直し度時は立上りしめ直し候なり。

一、大豆拵様の事

大豆を俵侭川へ入二三日置ほどひさせて取上天日に能ほし候得ば五斗の大豆二斗ば

かりに干へり申候。又人間は干合に致し持たるが吉。扨飯に炊候得ばふへ然もはやくにへ申大豆もその如くする也。

一、夜討轡の事

夜込に行時は轡なり候により紙にて轡を鳴らぬ様に仕乗也。然しながら事悪なる時は成難し。

一、紅葉重の事

紅葉重の手綱とは左の手綱をば右へ持かへ右の方の手綱をば左に持轡の引手の処馬の口に入中にて違口割により轡鳴事なし。鬼こぶしの処馬の喉の方へ當り候によりいばへ候事もならす、又引出る事もなし、此手綱責馬の時も亀々用る也。

一、鞍鐙三具の事

鞍は常の鞍よりほてい鞍よし、鐙は雪鐙よし、三具はらしやせう〱ひにても其内へ鎖を入縫たるがよし。糸三具はくさりをふせたるがよし。せんこかけてもよし。

馬面は馬いき遅て悪敷と云り。

一、馬にいなゝかせぬ事

忍に行馬を立かくし置事あるべし。其時は馬の舌引出し手拭にて舌をひしと結置候得ばいなゝく事なし。馬人願に置得ば必いはひ申ものなる故如此にてよし。

一、力革切時仕様の事

むなかいをとき力革に用靭には泥障の緒を四保手よりとき靭にしてよし。

一、靭切時仕やうの事

泥障の緒を四保手よりほどき靷に用てよし。ちせん登り坂にて切たる時手綱の先を前の四保手へ引通し乗也。是は事急なる時の乗様也。

一、四保手切たる時仕様の事

塩手切たるときは泥障の緒を鞍の須濱形より引出し由岐へ引懸むすひ四保手に仕也。

一、鞭切時仕やうの事

鞭切時は靷をとき用候又下り坂にて切たる時は馬の尾を取脇へかいこみ乗おろし候也。是は事急なる時の乗様也。

一、腹帯切たる時仕様の事

是も靷をとき用也。

一、あそひ重折たる時仕様の事

是も靷をとき鐙のくし形へ引通し留也。又力革の穴へ四寸の鞭を指入るもよし。

一、物見乗様の事

物見の乗様は千鳥かけに乗段々敵の方へより能敵を見て難所なる処を見て味方へ乗ふる也。繫物見に物見とてあり、大事の時は繫物見にて見たるがよし、三人乗出る此乗様は書に顕しがたし軍者に尋べし。此乗様を軍学者の上にては緩急曲直の乗様と云也。

一、細道乗様の事

一騎討の細道にて向ふよりも馬乗来る時は此方の乗手段は敵の右の方を乗通すべきと思はヽ我が右の方の足を鐙のやないばの内へ踏入いかにも強く前へ踏張右の方の

臂こぶしも身にひしと付け目付を直に向を見はり乗懸一気かけさせよ。又一方は川一方は山かけなりとも乗通すには山の方へ懸らすして川の方へ身を少し懸る様にして乗通す也。夢々油断する事有間敷なり。

一、岩石落し乗様の事

乗様は片手綱に取片手にて鞭の十文字を取脇へかいこみ鞍を反りわが身を馬の三頭に付程に反り一文字に急にのりおとす少しも馬横になるならば人馬共にけが有べし。又馬下へ落付時はいそき横になすべし、すぐならば馬足を留得ずころぶべし、其心得肝要也。

一、一橋乗様の事

橋幅一尺五寸より一尺迄は渡はよし。乗様は手綱の手相せまく取鈎合を寛々とひかへ頭を下させ二三度も橋前を乗懸て見せ其後乗通すべし。鞍をゆらすして静かに馬まかすに渡すべし。

一、舟へ乗様の事

乗入やうは舟横に乗入んとせば必馬飛過し川へはいる事有べし。其心得有て舟の長なりに筋違に乗入なり。

一、大溝為飛様之事

大溝の廣さは三尺より一間迄は溝と云それより上は川なり。馬飛せ様はまつ溝前を二三度も乗懸けむかいの飛付候処をよく見せて引かべしばら〳〵と乗かけかくを當一拍子に飛せる也。その所は見合せ肝要也。

一、川渡し乗様の事

浅き早川等渡す時は川下の方に踏るつれ強くふみ身共に乗懸り川下のゆぎに乗べし。川上の方の鐙をは軽く踏川下の手綱を平首に押付時々上口に引當声をかけて渡すべし。又大石にかゝれば馬ころぶ也。深き処も有べし。浅深共に波相の和らかに青海波の通りを乗べし。荒波の通りは乗間敷也。川渡しの時は左右の泥障を落て乗より鐙前に斗踏出し水におさきて猶以出る物也。其為に力革を糸にて腹帯に結付乗べし是は間の有時の事也。いそかわ敷時は直に打入渡すにより右の心得して乗たるがよし。自然川中にて馬伏したらばいそぎ耳へ水を入鞭にて耳の根みけんをしたゝかに打引起し候馬川をこぐ時は四足を川下へ流しかたつめにてこぐもの也。乗人其心得なく鞭をろくにのせ候と其まゝ乗ふすべし。其心得して片ゆきに乗もの也。手綱は寛々とひかへべし。其時の見合せ肝要なり。

一、川岸高き時乗上様の事

川きし高き処へ乗上たらば手綱を片手に取とり髪を取添片手にては尻かいの組違をひしと取両かけを當て腰を突出し左右にて引上聲をかけ一拍子に引上る。其処の見合肝要也。

一、海渡の事

海川共に乗入時と乗上る時油断する事なかれ。扨うち入ておよがせ深みに成時分鞍の後輪を静にはつれ尻かいの組違の所に乗前輪に我が胸をひしと押付手綱を四保手乗へ押さけ如何にも手綱の釣合寛々とひかへ馬次第におよがせ候又手綱を前輪のすわまえ引通し沓の釣合能程にしめ合山形の上にて左右の手にて持ふるも吉。鐙は前斗り踏出す物也、故不踏してはたせ馬に乗様に左右之足にてはさみ乗たるも吉。尤波合の青海波の通りを見合乗べし。荒波の立通りは乗べからず。扨又鞭にて馬の頭を下る時ほくとをそろ〳〵とたゝき上にあたみになり鞍へ乗移るべし。右海川渡す時は泥障を取候得共いそかわ敷とる隙なくば鞍の後前はつれ候と左右の鐙をゆぎの上へ打越候得は泥障波にて浮上り浮沓はきたる道理也。馬の為にも苦しからず又川渡しの時は川上の方の鐙を打越泥障も同じ也。

一、ふけ渡し乗様の事

ふけは馬の足入るにより上口をさくり立鞍の後に居て鞭にて打馬飛する也。目付下を見てははか行ず向を見はりて乗べし。又曰長物の鎗にても下へ置其上に泥障をはつして置其上をたん〳〵乗渡す共云へり。是はいそかわしき時は成難し。

一、馬に浮沓はかせ様の事

浮沓は鞆に結付其端を腹帯へ結付る也。浮沓仕様は能なめし皮にて長さ一尺程はゞ一尺四五寸程に袋に拵面をひしと縫其上を漆にて塗り其かわ袋のすみに少し穴を明け赤金にてもしんちうにても竹くるの如く拵右のかわ袋の穴へ指込くだの長さ一寸斗にも出し口にて息をふき入申候得ばふくき申候、扨くたへ木にてもさし入息のもれざる様にいたし両はしへ糸にても縄にてもいたし緒を付候右のかわ袋のかつかう四角にも枕の如くにもよし。

一、敵前近きかけ乗様之事

物見等に行時敵方より弓鉄炮うちかけんと仕候はヽ馬を横になし鞍より迯し馬の横なりにひしと我身を付け乗とうす馬顧にて乗たる人は見へぬ也。右は十文字強鞍の時よりなかく仕かけ乗べし。下候時膝を鐙の内へ入候て下るべし。

一、早道乗様の事

急なる事有て二三里斗も遠方へ早く乗行時は先地道を乗出しにのりにうつし夫より一三に馳させ馬をしつめて輪を二つ三つ息の静る様にまわしはやく輪を乗夫より又かけさせみちく段々右之通行候得ば馬の息きるヽ事なし。息も大切成物也。息をきりて何れの馬を乗んや。右のわけも不知乗候はヽ一丁行内にも息きれて死べしよくく其心得有て道々右の通に乗行てよし。又一日も二日も遠方へ急用有て乗行時は馬の舌を引出し指三つふせ程置て其はつれを針か小刀にて三分斗さし口を洗ひ轡の鬼こぶしの処へ息合の薬を紙に包み結付轡をはめ乗候得ば口かわかずして息きれず。乗様は前の通にして扨馬よりおりて口を能洗ひ面へも水をかけ馬の休め二三間と静かに引たせばりをいたさせてよしばり出さぬは息仕なりはかをつかせたるがよし。

一、腹帯心付之事

腹帯は大切なる物也。仍てさへく心を付見可申也。強過たるは息間悪しくなる弱過たるは鞍廻る也、よきに心付肝要なり。

一、軍鞭拵様之事

くま柳にて仕とうつらの事也。長さ二尺八寸に切ふとさは其人の心次第すべし。扨摩利支天の梵字七つ斗を鞭へ書付同所柄の切口にうしと云文字を書鞭の先龍と云文字を図其上を漆にて染べし。鞭の寸法二尺八寸は廿八宿に表す取柄七寸は七曜をかたとる仙前にては楊枝禅僧にては拂子武家にては鞭也。鞭御来して後護摩に節に合し秘すべし。

第五章　剣　術・居合術

剣術の流派には、天真正傳神道流（飯篠長威斎）、一羽流（諸岡一羽）、新陰流（上泉伊勢守）、卜傳流（塚原卜傳）、天流（斎藤傳鬼）、新陰流（柳生但馬守）、柳生流（柳生十兵衛）、一刀流（伊藤一刀斎）、小野派（小野忠常）、念流（上坂安久）、東軍流（川崎鑰之亮）、二天流（宮本武蔵）、吉岡流（吉岡憲法）、直心影流（山田光徳）、三和流（伊藤清長）、無形流（別所忠久）、北辰一刀流（千葉周作）などと非常に多くある。

居合術は、素早く刀を抜いて相手を切りつける業で、抜刀術ともいう。居合術の流派と始祖については、新夢想林崎流（林崎重信）、田宮流（田宮重正）、新田宮流（和田政勝）、一宮流（一宮照信）、片山伯耆流（片山久安）、安心術、伊賀流、以心流、今井影流、影山流、井上流、勝新流、神刀流、神明夢想流、関口抜刀流、立身流、津田一流、電撃流、戸田流、抜刀流、不傳流、水野流、無形流、無天龍、山岸流、揚心流など多くの流派があった。

盛岡藩には、柳生流、心眼流、新当流、東軍新当流、戸田一心流、夢想天流、五音流、小野派一刀流、大和流、上野要心流、実用流、田宮流が伝わった。

第一節　柳生流

柳生流は俗称で正しくは新陰流という。流祖は柳生宗厳。享禄二年大和国柳生郷に生まれ、新介、新左衛門、但馬守と称し、石舟斎と号した。上泉伊勢守に新陰流の兵法を学び、印可を受け柳生新陰流を創始。文禄三年徳川家康の招きで無刀取りの妙術を披露した。慶

長十一（一六〇六）年四月十九日没す、七十八歳。

宝暦頃、仙台藩の浪人阿部義秋が柳生流四戸朝茂の門に学び、武蔵・三徳の二流を合し、武蔵三徳柳生流と称した。その門人の南部藩士猿賀宣魏が明和五年藩主の命によって武蔵三徳の四字を廃し、柳生流と唱えて盛岡藩へ伝承した。

○柳生但馬守宗矩―┬―柳生三厳
　　　　　　　　└―荒木吉忠―熊谷朝忠―四戸朝茂―阿部忠慶義秋―猿賀久兵衛宣魏―横澤惣兵衛茂備―江釣子千右衛門政高―藤井孫右衛門政力―猿賀久兵衛慶備―中村九郎右衛門義教―中野末治康彊―一方井銀左衛門義忠

【流儀ヶ条】「柳生流剣術」　中村九郎右衛門
一、表太刀　五本
一、裏有
一、小太刀　四本
一、小具足　六ヶ條

一、立合　　四ヶ條
一、傳縄　　二ヶ條
一、秘傳
　　但此所迄執行之上縄目録傳授之事
一、小太刀　一ヶ條
一、裏有
一、太刀四尺　一ヶ條
　　但此所にて中位傳授之事
一、免許太刀　十二ヶ條
一、極傳
一、中位免許皆傳太刀　三本づつ
一、極秘傳
　　但此外口傳秘傳有之候得共執行之上相免候事
　右之通

第二節　心眼流

京流にては鞍馬流と称した。鬼一法眼が鞍馬の僧八人に伝えた剣術の一つであると言われるが、確たる文献などは無い。また藤原鎌足を祖とするのは疑問がある。

宇治八兵衛以降南部藩へ伝承した。熊谷有右衛門からは無想流と改称したという。

○藤原鎌足――善鬼――源義経――藤原忠信――藤原祐吉
藤原光国――大僧正義運――地蔵院義快――源義遠
源義統――源義尭――源茂兼――源長経
源長景――中原師光――中原師宗――大江泰成
大江維房――大僧正義鑑――源直常――源直弘
源範忠――平盛経――平長氏――源氏親
源政知――平高光――藤原家守――平通綱
平綱邦――源国朝――妙覚院――増盛院
護国院――今村小兵衛――宇治八兵衛――長岡彌作

熊谷有右衛門

毛馬内権左衛門 ― 佐々木彌五左衛門頼實 ― 米内勝定矩

米内多次右衛門武貞 ― 一條勘右衛門福松

米内多次右衛門武貞 ― 四戸専右衛門宗温

藤澤左内親長 ― 堀江勇右衛門 ― 高橋茂内

小栗助右衛門 ― 米内新右衛門 ― 牧田平馬成弓

小栗助右衛門 ― 乙茂金左衛門清房 ― 石川門之進昌紀

外岡織右衛門元達 ― 米内勝左衛門貞卿 ― 石川屯昌者

南部利済公

一條仁右衛門基誠 ― 石亀　司 ― 三浦静馬頭富

堀江定之丞 ― 根市　貢 ― 大矢勇太房則

根市判左衛門

四戸銀左衛門宗保 ― 関新兵衛 ― 松岡倉右衛門重威

中村弘馬
- 岩館五郎左衛門―三浦忠左衛門頭孝―米内傳左衛門秀政―
- 中野舎人康行―米内傳左衛門秀政―中野要人寛長―
- 三浦静馬頭富―久保田善作秀勝―一條金平基誠―
- 一條金兵衛以忠―一條兵蔵基之―一條源治基昵―
- 川井泰右衛門影炳
  - 一條金平基定
  - 太田平市孝

【流儀ヶ條】「心眼流劔術」中村弘馬

初心

一、表太刀　十四本

一、裏太刀　貮十六本

一、九字　一本

一、附　十本

一、外　　　同
一、中位
一、口傳　　三本
免許
一、口傳　　八本
皆傳
一、秘傳　　壹本
但何れも口傳之分常に手合不仕候
右之通
「心眼流劔術」石川屯
初心
一、表太刀　十四本
一、裏太刀　二十七本
一、九字　　九本
一、附躲　　十九本
中位
一、口傳　　三本
免許
一、口傳　　八本

（一条氏の墓）

皆傳
一、秘傳　五本
但口傳秘傳之分常に手合不仕
右之通
「心眼流劔術」一条金平
初心
一、表太刀　十四ヶ條
一、裏同　二十七ヶ條
一、九字太刀　一ヶ條
一、附同　九ヶ條
一、外同　十ヶ條
中位
一、秘傳　三ヶ條
四面下
一、秘傳　十八ヶ條
免許
一、秘傳　八ヶ條
印可
一、秘傳　五ヶ條
但何れも秘傳之分常に手合不仕候

右之通

「心眼流劔術」根井判左衛門

一、表　拾四本
一、九字　九本
一、附外　貳十一本
一、表　八十一本
一、中位　十三本
一、免許下　三十本
一、免許　八本
一、皆傳　五本
右之通

【伝書】『心眼流面太刀』（もりおか歴史文化館蔵本）

一、対影
一、向影
一、半開半向
一、長短
一、八重垣
一、右傳

一、左傳
一、秘勝
一、逆風
一、小詰
一、大詰
一、村雲
一、清眼
一、九太刀

心眼流九字九法之事

一、中墨　臨
一、陰切　兵
一、重切　鬪
一、水月　者
一、一文字　皆
一、本車　陳
一、逆切　烈
一、下西風　在
一、車　前

附合位

一、劔詰　口傳
一、中詰　口傳
一、切刃詰　口傳
一、手詰と云　有習
一、外と云　有習

太刀合次第

一、乱美
一、乱関
一、乱髪
一、電光
一、稲妻
一、三段車
一、三段清眼
一、三足太刀
一、背追太刀
一、虎走
一、天台宗
一、大拂
一、岨傳

一、柳葉太刀
一、三躍
一、縁隠
一、四面労
一、居労
一、横寝労
一、居夜太刀
一、夜太刀
一、角嘌
一、障子附
一、薗子切
一、離太刀
一、引切太刀
一、四つ太刀
一、川原柳
一、二刀
一、一本橋返
一、野牧之太刀
曲尺間之事

一、弓足曲尺　　口傳
一、裏曲尺　　　口傳
一、大中之曲尺　口傳
一、四方浄土之曲尺　口傳
一、左右二つ曲尺　　口傳
一、碁盤立と云　習難所遠近有傳
　右三位
一、玉太刀
一、車五條
一、同　詰
一、右詰
一、天上二刀
一、洞入
一、洞出
一、戸入
一、戸出
一、臂切太刀
一、流水
一、瀧流

一、五條長刀
一、長刀太刀
一、鑓太刀
一、討劔太刀
一、棒太刀
一、棒小鑠
一、一足立
一、月至
一、虎乱太刀
一、乱突太刀
右二本　免許口傳
曲尺之次第
一、心真之曲尺　口傳
一、影之曲尺　口傳
一、構附之曲尺　口傳
一、山端之曲尺　口傳
一、有無之曲尺　口傳
懸口見様
一、中小心得　口傳

一、八文字　口傳
四面之位
一、夜之大事行連法
一、夢之浪と云事　口傳
一、車明松之事　口傳
一、一寸明松之事　口傳
一、理劔之法　口傳
一、毒討之法　口傳
一、闇夜智事　口傳
一、太留之法　口傳

『心眼流真極位之巻』
劔司之事
一、土性劔　口傳
一、水性劔　口傳
一、火性劔　口傳
一、金殊　口傳
一、空劔　口傳
右五剣之巻と云

一、父太刀之事　口傳
一、母太刀之事　口傳
曲尺間秘傳太事
一、エロ之曲尺　口傳
一、鼻中之曲尺　口傳
一、北方之曲尺　口傳
一、西方之曲尺　口傳
一、日月之曲尺　口傳
一、真極之曲尺　口傳
忍寄討身之事
一、大繰小繰討
一、論抜討之事
一、十文字討之事
一、押討之事
一、大返小返と云事
一、圓像万字之事
一、三之傳之事　上段　中段　下段
一、水月一本之大事
一、鉢廣之曲尺之大事

一、遠山之曲尺之事
一、天水之曲尺之事
　　神妙剣　朱黒御札傳
勤知詠月心是極一刀心水月清風是一本之位也。
　　　　　　　　　　　　文政十年九月吉日

第三節　新当流

流祖は、下総国香取郡飯篠村の飯篠山城守家直である。

盛岡藩における新当流の剣術は、田宮流居合を併せ指南をしていた。場所、道場を一つにしてあった関係からと思われる。

○飯篠長威家直―松本政信―小神野幹道―古宇田通秋―
　　　　　　　└塚原前土佐守―塚原安幹―塚原卜傳―
―本間昌能―本間外記―久野勘右衛門―
―木幡忠兵衛清忠―足澤左十郎義道―白石與六義周―
　　　　　　　　└佐々木惣七郎光風―下斗米小四郎昌国―

奥瀬伊右衛門定昌 ― 日戸杢秀清 ― 福嶋小右衛門吉邑

佐々木周蔵寛綱 ― 北 図書 ― 山田募長隣

安宅貞右衛門勝平 ― 永田進親庸 ― 安宅市郎右衛門

永田善右衛門親盈 ― 上村武右衛門 ┬ 永田左次郎
　　　　　　　　　　　　　　　　└ 上村分右衛門

上村又蔵

江本八左衛門 ― 漆戸直矢茂樹 ― 足澤半七正中

永田才六親備

上村才六 ― 安宅登依勝

古宇田資通 ― 古宇田資吉 ― 古宇田資親 ― 本郷彦兵衛

大村理左衛門知陣 ― 寄木伊太夫義加 ― 玉山半左衛門政雄

佐々木采右衛門晃充――田鎖源之助兵義――大村千六延昌

佐羽内守之進養将――栃内自刀房誼――印東彌一右衛門政揚

大村友右衛門――大村治五郎――大村源五郎次忠

大村才助

【流儀ヶ條】「新當流劍術」上村分右衛門

一、初心
一、追加申渡
一、追加
一、免許申渡
一、免許

右之通

「新當流劍術」大村才助

一、表　三本
一、裏　六本
一、中位

一、仕掛太刀
一、仕合
右之通

【伝書】『新当流』（もりおか歴史文化館蔵本）

序

新當流劔術元本間流鎗術一毫無差事諸流兵法雖学道有流稀也。徒無道流学時道本根不知而巳、天従為請得本體失必定可慎察也。因茲當流深信切志師教法堅守私意纔不加学時自然眼目開道有事初知而追日月重切磋琢磨勤時大小応全體道叶事尤足仍新當流名此意味深長高遠也。能々考可求者也。其道難至為練者又成安是則道有無疑事可辨知所也。故粗其旨記学者謹道勤何難猶後哲異見願而巳。

剣術陰懸

一、能守者陰九地下

陽懸

一、能攻者来九天上
右の二劔顕密二種の圓相をはなれず、密の内に顕有顕の内に密有よく顕をいたすものは以て密に通ず。密に通ずるものは以て顕をいたす。陰中の陽又陽中の陰全体心法を慎て誠に厚練者自至本分。

目録

一、連断
一、透
一、引捨
一、中詰
一、留
秘密
一、右分
一、左分
一、車星

此術諸構に叶事無疑手色手品手の内強弱拍子の程敵の構陽成に陰の心持知るもの思之身色身懸り作速目附一切の勝利稽古鍛錬の内より自然と本分に至るべし。必勝の場は不可有勝負は自然と志り勤めは勝おのつから其中に有此意味能々考深求可貫通者也。

位三十三ヶ條　口傳

一、構位
一、當位
一、附位
一、詰位
一、不詰詰位
一、柄競
一、押不押

一、離備立
一、長断
一、短當
一、當不當
一、討不討
一、残心
一、懸
一、待
一、強弱
一、乗拍子
一、他流無不審
一、動以其位知
一、道具以其積知
一、三物云事
一、倚不解
一、倚不聞
一、危不成
一、危不見
一、突手内
一、左太刀

一、一心両手
一、構持
一、見
一、遠近
一、虚實
一、不動
右修行輙は成難し。数年練返々可学勤雖然百年修行するとも心に絶る時は不可叶終行といふに心を付て可考十人が十人上手下手共彼に勝てば是に負け定る事難し。其内抜群に長る事扁をかさね功を積誠に深く求めずんば不可成謹而可勤也。道の儘に心をそなへ尤平にして教法を可心味少其間に私意を交る時は難求。
一、劔術は元事藝にして動事當然なりといへとも新當流は不動事を数日練べき也。不動と斗心得事偏辟也、忘動せざるを指て不動といふ。動静道の儘に修行する是を以不動の道の本根を知、如此動時は勝負をはなれ本分を求よ。
一、新當流を学人教法を誠に不守は横道に流れ道の本利を失事決定なり。偏に事を頼み心法を不求時は差大也。又心法を練ると云斗りにて群事を不動は是又横道に流る知行甲乙なくして可勤。たちへば鳥の両翼車の両輪としるべし。二の物を一つも闕時は用を不成而巳ならず、尤不正利能々可辨者也。白昼に黒白を見わかつが如く邪説と正利深く可考求者也。
一、稽古仕合は格別若勝負の仕合望人有之は大方形は用捨すべし。是非せずして不成事有之は言葉を定てすべし。惣て仕合するには其敵をしる事第一也。勝を不志してする事不学なるべし。道具詮議見物場所覚悟ヶ様の儀能々心を可入今日初て出合たる人をもしり術の程も知様心得可有也。

一、弟子を取事心得数多可有。第一情を知る事専要也。弟子の不至処は己が行の不足也。能々分別すべし。人心て好悪は一つなれとも其品色々有、先為師者胸中を廣くしよく人を請入てめくなす其人の剛柔成る或下愚を能察見し其時のようしきを以て可導。勝負は正奇の二つに有正を先にして奇を以勝事はあれとも奇を先にして正を以て勝事は難し。故に雄は敵に有雌は己にあり。謹而猥にする事なかれ。

一、為師者謹而道を勤よく弟子を導人欲を去り本心を全して可教當流の心法を能々弁へ考にしたかつて拙き念慮を捽時は大成差也。武術の端といへどの心法の廣大明白なる事量なり。尤己に存在の道求れば得不求は不志たゝよく自反して己をかへりみ本分に至べし。

一、初心を導に全辨可有也。教のまゝにすといへども前後愚成を引立道に入る事師の力第一也。道の大筋をよく心得先事を専とすべし。然共一筋に事斗而巳不思様に可教克己を尽し深く察し可教立人は天地の小きなるものにして萬物の長也。

一、身心の侭に自由なるべきに不叶は是徒に日を送る故なり。力を尽し功を積本分に引入べし。高きに登るはひきゝよりす千里の道も一歩より初る正道を目当に教ぬればおのつから本體の明にかへり、是則的中也、正利なり。又初学の者高遠に登るも不正利数年修行して道の本利を不知是不正利時節當然其位に居て能々眼目を開き心を圓にして可涵養勤行事也。

五病

一、貴人億
一、上手恐
一、下手謾
一、油断
一、己忘

教歌

四つもの須臾の眉はなるまし　よく心得て躰を見るべし
兵法を勝事のみ思ふなよ　悔のなき身になるぞ嬉しき
おそき事なおはやき事あしき也　時をしるこそ宜しかるべし
諸の構は時のかたちなり　たゝ高上はこゝろにぞある
勝処定る事のあらはれて　かゝみに移る敵の面影

極意

一、目附
此位一本一太刀入門也。深思厚信暫無忘可執行一切本理従是明成也。
一、一本一太刀
此位勝事無疑両鏡映中無顕像是則一體至此位時遊有其中。
右利方之筋目新當流秘密傳之不残令相傳以来以誓紙御指南可有。尤修行不可有断絶者也。仍許状如件。

飯篠長威入道八代
鎗術之先師

木幡忠兵衛
高野分左衛門
足澤左十郎
白石與六義周（花押）

正徳三癸巳歳霜月吉日

第四節　東軍新当流

大阪御弓同心矢野佐五左衛門清綱が祖。東軍流を柴崎勘兵衛に学び皆伝して享保五年十月夢に悟るところあって一派を創設したという。盛岡藩へは、江戸表にて小笠原大膳太夫の家臣小堀十郎左衛門より、米内貞則が皆伝を得て帰り、国もとへ伝えた。

○小堀十郎右衛門 ―┬― 斎藤左右
　　　　　　　　　└― 米内多蔵貞則 ―― 中村弘馬

【流儀ヶ條】「東軍新當流兵法」中村弘馬

一、取手　九本
一、取合形小太刀　十三本
一、長太刀　七本
　中位

一、起側心得心気納様　口傳
免許
一、心気高菜気合　口傳
皆傳
一、陰陽和合
右之通

第五節　戸田一心流

流祖は戸田家通（宗通、重家とも）。越前朝倉の士で、古くは外田と書き、文禄四年七月二十二日愛宕の勝軍地蔵に祈って秘法を得たという。また諸国を巡り修行中鹿島山に参籠して巻物十二巻をさずかり、一派を立てたという。戸田忠光（松平陸奥守家臣）が享保九年より城下馬町に住み師範となった。

○戸田一心斎義継――戸田圓家忠光――戸田清林尚宥――
――太田郷右衛門秀門――太田作右衛門秀邦――太田勇作忠義――
――中村専作貞宜――長嶺七之丞将高――赤澤忠助吉英――

上田多太治茂寿――横堀彌兵衛親尊――和歌浦良八栄順―

船越　湊

【流儀ヶ條】「戸田一心流劔術」長嶺七之丞

初心

一、表勢法　七ヶ條

一、裏勢法　九ヶ條

中位

一、清眼格法　二ヶ條

一、小具足短刀　七ヶ條

免許

一、木太刀　十三ヶ條

印可

一、木太刀　三ヶ條

皆傳

一、木太刀　一ヶ條

右之通

第六節　夢想天流

天下一夢想天流ともいい、常陸国津多和の人長澤善勝（正成）が祖。鹿嶋神流の一派で江戸に行われた。

○長沼主殿正正成――大森九左衛門――屋莚勝兵衛
┌尾崎権左衛門――河岸半兵衛――松浦左次平――竹内佐助
└下斗米小四郎昌国――美濃部長十郎

第七節　五音流

流祖は、金森春俊、宮・商・角・微・羽の五音を悟る剣術の奥儀として、天命を本とする故、印可の太刀を天刀と名ずけた。

○金森夢哲斎春俊――原與三衛門信安――渋谷権之助正頼

渋谷権兵衛正康 ── 堀内平衛門重央 ── 簡如風軒嶺通

富澤六左衛門喜武 ── 富澤傳右衛門武真 ── 鈴木彦右衛門豊貫

楮去久米司

【流儀ヶ條】「五音流劔術」中村門兵衛

一、表箇條　二十六本
一、裏入　十本
一、中位　七本
一、免許　同
一、印可　鎗二本　劔六本
一、表箇條　二十本
一、中位　八本
一、免許　五本
一、印可　一本
右之通

【伝書】『五音流中位』（著者蔵本）

○商之巻
一、頭切
一、腰切
一、脚切
一、波分
一、漣波
已上是一卷非謗他流之處方欲使知與、當流之用劍各別之謂也。深他見慎之。
○角之巻
一、松風
一、羅月
一、乱髪
一、浮雲
一、時雨
右是一卷抛径之分別也。雖窺百家劍術無如斯口傳之易明非其仁者莫授焉。
○微之巻
一、處走
一、潮
一、汐

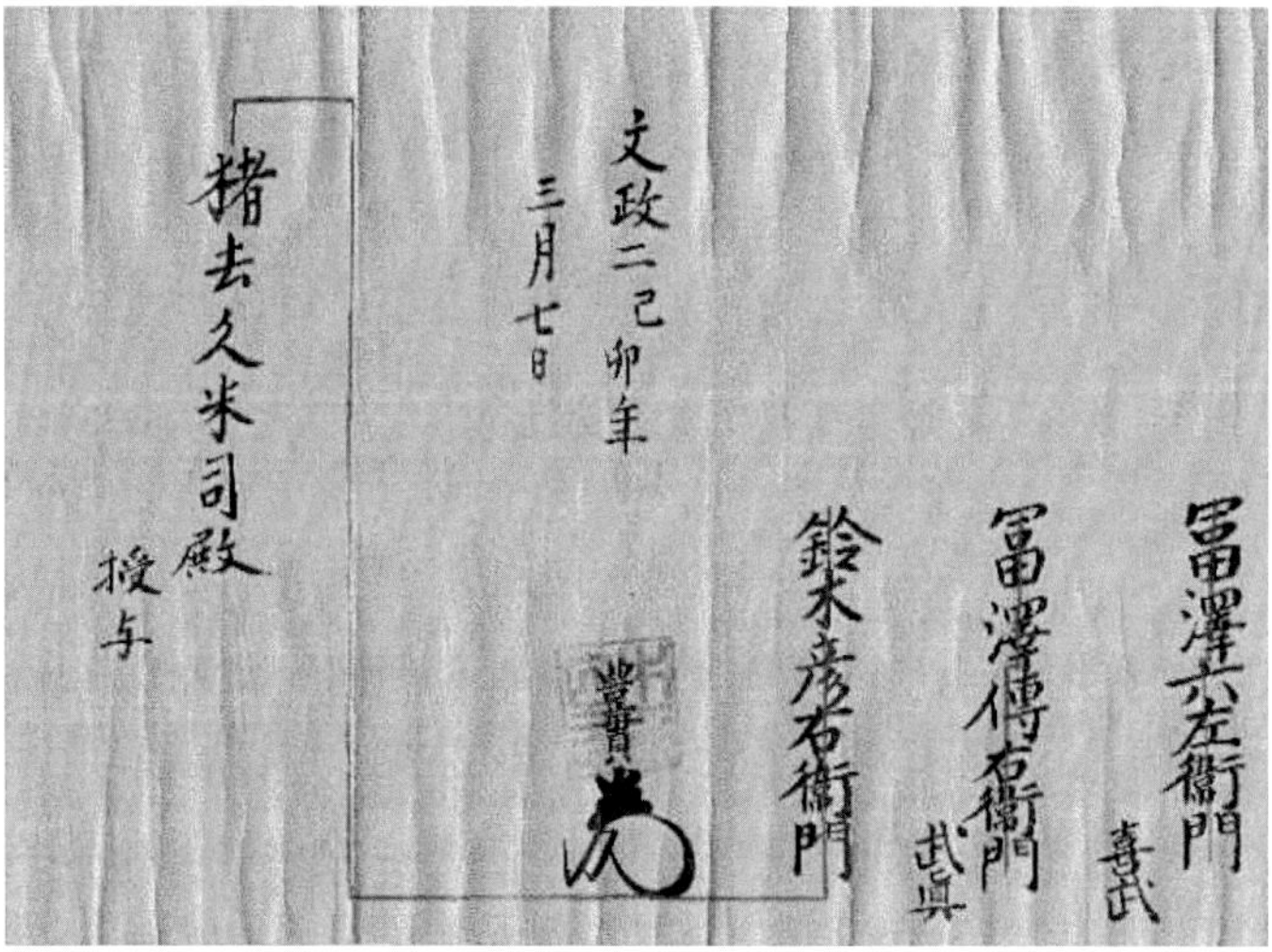

（著者蔵）

一、壹刀
一、稲妻
夫古人之兵法有数流之弁異予久掌刀窺諸家方然而儲二十五事之異旨故也。
〇羽之巻
一、右払
一、左払
一、柳糸
一、生死
一、重切
右兵翫之明鑒誠診察之枢機也。可信可仰可秘可慎也。
一中位九箇之傳
貴丈臨當流多年事術無屈心深出情意而粗至中位依而以九箇之秘刀令傳授尚無懈怠可窺奥義者也。
金森夢哲斎春俊
原與三衛門信安
渋谷権之助正頼
同　権兵衛正康
堀内平衛門重央
簡如風軒嶺通
冨澤六左衛門喜武

文政巳卯二年三月七日　　　　　　　　　冨澤傳右衛門武真
楮去久米司殿　　　　　　　　　　鈴木彦右衛門豊貫（花押）印
授与

中位九箇之條
一、手之内之大事　口傳
一、位曲合之大事　同
一、打留之大事　一本同
一、煮得合留之大事　口傳
一、修羅留之大事　二本同
一、仕込サグリ留之大事　一本同
一、早羅月之大事　一本同
一、甲冑打物之大事　二本同
一、白刃取二劔之大事　口傳
以上　　　　　　　　豊貫　印

第八節　小野派一刀流

一刀流は伊藤景久の創意に成り、実戦に必勝の武技を以って切組を編み、小野忠明に伝えて大成した。小野派一刀流の流祖は、伊藤一刀斎に学んだ小野次郎右衛門忠明。初め神子上典膳と称す。徳川家康に招かれ、二代将軍秀忠に殊に重用されて「忠」の字を賜り改名した。寛永五（一六二八）年十一月七日没す、六十四歳。
盛岡藩へは、嘉永二年中西子正より江戸にて印可を承けた伊藤祐宗が帰藩して伝えた。したがって中西派一刀流とも称した。

○伊藤一刀斎景久――神子典膳（小野次郎右衛門忠明）――

――小野忠常――小野忠於――小野忠一――小野忠久
　　　　　　　　　　　　　　　　　└中西子定――

――中西子武――中西子啓――中西子正――中西子受
　　　　　　　　　　　　　　　　　└伊藤範之丞祐宗――

――大石寛市郎民――伊藤祐定――四戸次郎義信

【流儀ヶ條】「小野派一刀流剱術」四戸次郎
一、組五拾本　十二ヶ條
一、小太刀　七本

一、相小太刀　八本　仮名字目録
一、刃引　拾一本　本目録
一、表劔三重
一、払捨刀　七本
右之通

第九節　大和流

流祖は柳生大和守で、鎌、居合の両術を併せ指南した。仙台藩士の阿部忠慶に学んだ猿賀宜魏によって盛岡藩へ伝わった。

○柳生大和守―柳生但馬守―柳生内膳―柳生但馬守―
阿部忠慶―猿賀久兵衛宜魏―中西金左衛門隆尚―
中西記隆英―遠山禮蔵則明―小山田雅吉

【儀ヶ條】「大和流組合術」遠山禮蔵
一、表　十手

但変手平日不仕候

一、表立合　五手

一、裏　十一手

但中位申渡前にも為取候事

一、大裏　十手

一、同立合　五手

但免許申渡前にても為取候事

一、真取　十手

但免許以上為取候事

一、立合変手之儀餘時之手合にて其人に寄相続仕候事

右之外階級毎手合有之候得共口傳御座候故平日手合不仕候

一、居合

但抜崩別段相続仕候事

一、鎌

但入身仕掛別段相続仕候事

右之通

第十節　上野要心流

始祖は、上野廣定。号をとって上野要心流と称した。残念ながら始祖上野廣定が、どこで、誰に学んだか、また盛岡藩での北川民彌のあとは不明である。

○上野要心斎廣定 ―― 上野廣久 ―― 上野廣則 ―― 上野栄廣 ―― 上野廣高 ―― 村松定七秀賢 ―― 北川民彌

【伝書】　『上野要心流剣術並組合要規』（『盛岡藩古武道史』より）

夫文武並行は天下の常道也。然るに世治る則は武術を忘れ、世乱る則は文道を荒む。此亦天下の通病也。文武暗ふして敵と戦ふ事幼児をして強賊を攻るに似たり。文武明なる則は発気に疑を留ず。竜の巨海に潜て青雲に巻登るが如くならん。古より文武に通了して信が堅固の武士に犬死なし。放逸に走て文道を荒み、武道に随する者は節に當て狼狽し事に臨んで蹟き武運凋みて禍を招き身宅を廃し武名を下して忠孝を空ふする者勝て数ふべからず。危哉。武を励まし人渦にのぞみ水を好むが如くならは竟のは心眼を開、業の至極を得冑して武門を開、名を揚、家を起し、忠孝独り矩に叶つて名を後世に伝ふべし。是武道の正中也。習得るとも常に虚々しくしては其詮なり、武道の骨髄に徹する事あるべからず。但善事にも溺る所より身の害を招き、家を汚し、名を下す。況や難事をや。唯偏に溺して古事ならんは心眼を開く而已。予若年より諸流に便り、玩味するに彼を学ぶは彼に欠たる所有、此の便れば此れに足らざる所有り、一流学歴初中後調す。故に蘊奥を儘して其欠を補て以五行に形取柄業を始とす。柄業崩れて剣術の業をなす。手詰に乃組対の働を示と雖、心に任せざる所有り。後英一見の後心礼を加へさらん事を請。唯愚息の心蕊を開かしめんが為に是を設也。業は秘するを以立信するを以伝ふ。秘せざれば廃す。信ぜざれば行はず。某敬せば感応空しかるべからず。何ぞ疑所有らん哉。門外に向て堅く唱ふる事なかれ。

「中位秘傳之巻」

表勢法五箇条

一、黒竜　　一、青竜
一、赤竜　　一、黄竜
一、白竜
右変化　　口傳

裏勢法短刀五箇条

一、黒竜　　一、青竜
一、赤竜　　一、黄竜
一、白竜
右変化　　口傳

一、柄取　　一、左太刀
一、籠手払　　一、敵に籠を取れたる時
一、肩突　　一、柄當
一、巻落　　一、巻留

一、絞留　　　　　　　　一、陰中陽
一、陽中陰　　　　　　　一、先の先
一、後の先　　　　　　　一、鐺返
一、仕合惣口　　　　　　一、抜払（変化口伝）
一、長短一致の矩　一、出順の勝位　　　　以上

黄竜格法　　口伝

凡鋒先を争はんと欲則は先間遠にして于引に進み、八尺の間に立て山の端に矩を取、彼が形勢を伺、鋒先を桿て前手を縮め、後手の働を専とす。前脚を曲て後脚を直くす。踏留たり山を進て躰を堅め要力を用ゆ。彼切て懸らば留べし、留るに進退開合の矩合有り然と雖迷ふ事なかれ。執行怠たらざれば無の矩を得るなり。自得すべし。

右変化　　口伝

夫赤きを天の規とし黄なるを地と矩とす。天は時を行、地は形をなす。天地和合して万物を生育す。地に因らずして形をなすこと難し、剣術組討の業も躰の迷なるはなし。長有て矩なし、短有長を見ず。是皆による故に躰を堅むるを本とし、業を末とす。躰法乱則は其業迅速なりとも成功かたからん。先ず鋒を交るに弱敵と見て慢るべからず。真の位にして彼が実を壁て虚撃事専要也。剛敵と見て懼べからず、能守、能攻て負けざる備を本として勝べき術を末と成す。円転活発する事玉盤を走るが如くならば、彼が心影鋒先に顕るべし。変に応ずる事教外別傳也。

第十一節　戸卜一心流

流祖は、文政頃南部藩士奥入瀬（奥瀬）舎人秀政。戸田流、卜伝流、羽賀井一心流の剣術を取捨して一流を始めた。略して戸卜流ともいう。

○奥入瀬舎人秀政――小笠原閑叟――足澤定右衛門義宴――┐
┌――――――――――――――――――――――――――――――――――┘
└田中館栄八廉政――国分閑吉房壽

第十二節　立花流

流祖は、南部領立花村出身の八重樫四郎左衛門。直心影流山田一風斎および長沼四郎左衛門国郷の下男に住込み、自ずから奥儀を見破り、素面、素小手の特異の剣法を発明。

第十三節　無想流

無双流ともいう。流祖は、南部藩士熊谷太兵衛。心眼流宇治八兵衛に学び、一流を称した。

○熊谷太兵衛――千石又兵衛――横澤巳千三進高弼――┐

横澤周右衛門高春──横澤武治右衛門──亀ヶ森竹志

第十四節　田宮流

抜刀田宮流ともいう。流祖は、上州岩田村の人田宮平兵衛重正。初名は業正、のち成正といった。林崎甚助重信に抜刀術を学んだ。

盛岡藩へは、大村知陳が黒屋重定に学び伝えた。

○林崎甚助重信──田宮重正──田宮長勝
　　　　　　　　　　　　　└長野無楽斎政次──一宮照信──

武河信重──赤堀儀縄──大牟吉久──星野吉勝──

伊藤吉信──奥寺重次──黒屋重定──大村理左衛門知陳──

大村友左衛門要積──横浜里離慶致──横浜保人慶繕──
　　　　　　　　　├寄木伊太夫美加──江苅内類右衛門久豊──
　　　　　　　　　└神　定吉

寄木幾右衛門嘉豊――寄木織衛嘉教――下河原志津馬恒詮

米田傳平義忠――菊池宇兵衛政行――寄木繁左衛門嘉学

中野良助政治――小泉万喜人成祐――白浜文治廣富

下河原澄馬廣恒――栃内多助吉重――野田正雄

【流儀ヶ條】「田宮流居合」寄木繁左衛門

一、外物傳術　五十五ヶ條
一、中位傳術　五ヶ條
一、免許傳術　十九ヶ條
一、相続傳　五ヶ條
一、皆傳

右之通

「田宮流居合」大村才助

初心

一、表　五本

一、裏　貳本
一、抜崩　五本
目録
一、立分　五本
一、立合裏　二本
中位
一、抜崩替り　五本
一入身
右之通

「田宮流居合」下川原澄馬

箇條
一、表　七本
一、抜崩　五本
目録
一、太刀　十一本
一、小太刀　五本
一、口傳　二十五ヶ條
中位
一、太刀　十本
一、口傳　三十五ヶ條

免許
一、太刀　七本
一、小太刀　八本
一、口傳
印可
一、太刀　七本
一、口傳　三十一ヶ條
皆傳
一、太刀　五本
一、口傳　十二ヶ條
右之通

第六章　長刀術

盛岡藩には、意明流という流派が伝わった。流祖は、和田源太夫と言われるが、詳しいことはわからない。

第一節　意明流

盛岡藩へは、西田玄清なる者が遠野に来て、八戸彌六郎の家来である四戸朝茂に伝えた。一円流鎌術を併せ伝え行われたようである。

○和田源太夫――西田玄清――四戸源蔵朝茂――横澤武次右衛門高弼
　　　　　　　　　　　　　　　　　　　　――横澤巳與之進高跋

――石井善兵衛
――横澤周左衛門高春――横澤丹之丞――市村伊八郎

――荒木田等――小山田直彌義嗣
――石井熊太光海――戸川吉重郎助順――石井安右衛門義時
――津嶋友左衛門

【流儀ヶ條】「意明流長刀術」石井安右衛門

一、表長刀　五本
一、裏同　六本
一、崩同　同
一、中位同　十二本
一、免許同　七本
一、皆傳同　壹本
一、相続傳同　三本

右之通

「意明流長刀術」小山田直弥

一、表長刀　五ヶ條
一、辻込　七ヶ條
一、崩　同
一、中位刀　九ヶ條
一、免許刀　三ヶ條
一、皆傳刀　一ヶ條
一、相続傳　三ヶ條

但し中位以上何れも口傳有之

第七章　槍術

槍術は槍を使う武術で、大きく分けると直槍と十文字槍になる。その流派には、宝蔵院流（覚禅房栄胤）、中村派（中村尚政）、無邊派（大内無邊）、健孝流（伊東紀伊守）、富田流（富田半生）、佐分利流（佐分利重隆）、本間流（本間昌能）、神道流（石野氏利）、樫原流（樫原俊重第三節）、本心鏡智流（梅田治忠）、大島流（大島吉綱）、種田流（種田正幸）、一旨流（松本利直）などがある。

素槍ー無辺流、竹内流、伊岐流、大島流、種田流、風伝流など、

十文字鎌ー宝蔵院諸派など、

鍵槍ー戸田流、内海流、佐分利流、本心鏡智流など、

管槍ー伊東流、日本覚天流、一指流、妙見自得流など

盛岡藩には、新当流、宝蔵院流、円伝流、本心鏡智流が伝わった。

第一節　新当流

神道流剣術並びに新當流槍術を塚原卜傳に学んだ本間昌能は、本間流を開く。盛岡藩へは、その孫弟子である久野勘右衛門に学んだ木幡忠兵衛清忠によって伝わった。彼は山城の国（京都府）に生まれ、江戸にて久野勘右衛門に学び、天和年中六十余歳の時盛岡に来て道場を開く。当時門弟を多く大道場を持っていた樫原流の服部保章が清忠を小さ

な老人とみて仕合を行ったが付けいるすきはなく、ついには本気で闘って勝てる相手でないと悟り、師事することになったという。のち八戸藩に仕え盛岡を離れた。それを伝え広めたのが、佐々木光風である。彼は、貞享二年二月御徒に召し抱えられ六駄二人扶持、のち御徒目付、宝永三年十一月四駄一人扶持加増あって十駄三人扶持、のち御次役となる。新當流鎗術師範。享保十年八月駄御加増あって十五駄三人扶持、延享元（一七四四）年二月二十三日没す、七十一歳。好嶺道林信士。長松院に埋葬。

○飯篠長蔵入道 ── 塚原前土佐守 ── 塚原安幹 ── 塚原卜傳 ──

── 本間昌能 ── 本間外記 ── 久野勘右衛門 ──

── 木幡忠兵衛清忠 ┬ 佐々木惣七郎光風 ┬ 下斗米小四郎昌国 ──
　　　　　　　　　├ 沖彌一右衛門　　　└ 南部利視
　　　　　　　　　└ 服部孫四郎保章

── 奥瀬伊右衛門定昌 ┬ 日戸杢秀清 ── 福嶋小右衛門吉邑 ──
　　　　　　　　　　└ 野々村重治

── 奥瀬舎人定齡 ┬ 野々村圓蔵雅古 ┬ 太田小十郎営久 ──
　　　　　　　　└　　　　　　　　└ 田鎖三司

苫米地清五郎
佐々木周蔵寛綱 — 北図書
山田募長隣
野々村秀太雅知 — 太田茂内政盈 — 野々村秀太
小田代定蔵政登 — 白石一宜門 — 太田小十郎久徹
新田目忠七直恕
佐藤舎親長 — 太田平市
樽山濤之助
中村均八郎

【流儀ヶ條】「新當流鎗術」　山田募

一、表　　三本
一、十二鎗合　八本
一、貳間仕掛　十二本
　但他流傳授之鎗合

一、附替　　八本
一、長刀鎗　五本
　　但目録傳授之鎗合
一、　　　　二十七本
右之通
　「新當流鎗術」白石一
一、表　　三本
一、十二　八本
一、仕掛　十二本
　他流鎗之内
一、附替　八本
一、長刀合　五本
一、目録鎗　二十七本
右之通

【伝書】『新当流鑓業目録』（岩手県立図書館蔵本）
　　表三本之鑓合
一、上段之鎗合　　口傳
一、中段之鎗合　　口傳

一、下段之鎗合　口傳
裏十二之鎗合
一、上之上段之鎗合　口傳
一、上段之鎗合　口傳
一、下段之鎗合　口傳
一、上之責合　口傳
一、下之責合　口傳
一、大分之鎗合　口傳
一、小分之鎗合　口傳
一、押鎗　口傳
長刀合之鎗
一、三重之鎗合　口傳
一、六重之鎗合　口傳
一、七重之鎗合　口傳
一、九重之鎗合　口傳
稽古心得
かまひ三つつきはりうちにかむりにし　目つけかねあい手いろ手の内
ならへをば小くすくほどにつかふべし　手なるゝほどはおつとあらしな
身はたふく鑓はながくて引さそく　心なくしてかつもあやうし

右之ヶ條者當流之業にして其極可至るの本たり。爰に太田氏十一歳数月精力を尽し殊更いまだ年齢不備して師のおしえに倦事なし、誠以年を歴ずして免許可至らん事を依之賞美の餘り業目録を記してこれにあたふる者也。

文政四年二月吉辰　　野村圓蔵雅古（花押）印

太田三平殿

【伝書】『新當流待之钂之目録』　（岩手県立図書館蔵本）

第一　飛立　懸上曲勝
第二　公立　懸下曲勝
再三　留　　待之下無左足
第四　晴夜　　懸下
第五　上之上
第六　上之下　　口傳
第七　同

新當流钂陰之懸目録

上段之構也。薙刀十六様之構何之位可押留敵之構何様持候共钂上段持敵之顔可出敵冠て詰る所引下逆押敵越て詰は相越にして其内可突口傳。

新當流钂陽之懸目録

此構逆之上段也。是も薙刀十六様構を以詰来る手裏廻可突口傳。

新當流鑓懸待之目録

此構上中下三段之位を以十六様之薙刀を突也口傳。

新當流三重之目録

此構下段之上構也。幾度も敵の手裏に越て可詰也。

新當流鑓六重之目録

此構下持無手可突其時冠て詰る所吾も引右の手を下て敵の進時に添可突口傳。

新當流鑓七重之目録

諸具足何も手裏當剪放々々可詰口傳。

新當流鑓九重之目録

上中下三段之構を以て諸具足勝事手色手品手の内強く當拍子口傳。

新當流十二之鑓合高上極位目録

上段鑓合　口傳
中段鑓合　口傳
下段鑓合　口傳
上之責合　口傳
下之責合　口傳
大分之鑓合　口傳
小分之鑓合　口傳
押鑓　口傳
切鑓　口傳

捕合鐺　口傳
前後之鐺　口傳
向二人之詰　口傳

新當流鐺唯授一人之大事

電光　口傳
夜鐺　口傳

新當流鐺心持重之口傳唯授一人之大事

長は続　口傳
短は切　口傳
突て不突位之事　口傳
不突メ突位之事　口傳
附て不附位之事　口傳
不附メ附位之事　口傳
切て不切位之事　口傳
不切メ切位之事　口傳
詰て不詰位之事　口傳
不詰メ詰位之事　口傳
諸位突位之事　口傳
遠は除よ　口傳
近は詰よ　口傳

分々之事　口傳
寸分之事　口傳
尺分之事　口傳
位之内之位の事　口傳
構之内の構之事　口傳
寸々雀躍メ附は詰之事　口傳
高具足越位心持之事　口傳
下具足潜位心持之事　口傳

新當流鐺位詰唯授一人之事

上之上段之位詰之事　口傳
上段之位詰之事　口傳
中段之位詰之事　口傳
下段之位詰之事　口傳
此四本之位心持を以て諸具足何も其敵の位より可詰、但薙刀鎌十文字何も少宛心持可替教外別傳。

新當流鐺高上詰唯授一人大事

上段之詰り　口傳
下段之詰り　口傳
筒詰之大事　口傳
立添詰之大事　口傳

角詰之大事　　　口傳
小具足詰之大事　口傳
前後捕詰之大事　口傳
新當流鐺高上極位唯授一人大事
一本鐺
此位諸具足勝事無疑真草行身之量手色手品手之内之指引賦順逆何も敵の位能々見分事肝要也。　以上
新當流鐺香取之高上
三重之鐺
此構上段也。手裏當留順逆可撥外拍子手裏廻可突口傳。
新當流鐺香取之高上
六重之鐺
此構下段也。敵の顔當無手突敵冠て詰る所を従上手裏越て切放々々詰也。
新當流鐺香取之高上
七重之鐺
此構上段手裏組左足込て手裏廻撥拍子連て本手可返口傳。
新當流鐺香取極位
九重之鐺
此構手裏に組放手色を可見撥拍子に随て可突口傳。
新當流鐺香取高上極位唯授一人之大事秘密

月雲離鐺

此位諸具足勝事無疑手色手品真草行之身の量口傳。　以上

新當流高上唯授一人大事

面影之十文字　口傳
乱之十文字　口傳
挫之十文字　口傳
九重之十文字　口傳
悦顔之十文字　口傳
水月之十文字　口傳
雲放之十文字　口傳
一之十文字　口傳

右何諸具足勝事口傳多可秘。

新當流薙刀高上目録唯授一人

雲勢之位　口傳
雲狂之位　口傳
八天之位　口傳
横雲之位　口傳
出日入日之位　口傳
高々上之位　口傳
高上之位　口傳

鼠突之位　　　　　　口傳
唯授薙刀之位　　　　口傳
反剣之位　　　　　　口傳
山嵐之位　　　　　　口傳
天地切詰之位　　　　口傳
一之長刀之位　　　　口傳
　右何朱具足勝事口傳可秘。　　　以上
右之長具足者吾諸流達調者祖親昌能長威以来近年秘絶畢。秘密之族依為執心令顕露之縦雖千金荷不信之輩努々不可傳之、猶他見他言有間敷者也。仍免状如件。

飯篠長威入道
塚原前土佐守
同　新左衛門
同　卜傳
本間勘解由左衛門
同　外記
久野勘右衛門
木幡忠兵衛門
佐々木惣七郎
下斗米小四郎
奥瀬伊右衛門

右一條由福嶋氏吉邑所傳来也。足下抽精勤臻鎗法之術如以一器水移一器故傳授此一軸畢。他日莫向別人浪相授受珍重。

日戸　木工

福嶋小右衛門

寛政十戊午歳四月吉日　奥瀬覚左衛門定昌（花押）印

野々村重治殿

【伝書】『新當流鑓歌之巻』（岩手県立図書館蔵本）

東山道野州鹿沼之住人本間勾勘源朝臣昌能自少時外学趙王之劔術殺刀是也。内諸荘周之太平活人劔是也。漸年及半百三劔学己成矣。諸劔大数拳一百十件二詠和歌述其意矣。益為傳劔術於後昆也。第一第二拳陰陽二劔教家所謂顕密二種之法也。第三拳青眼一劔椰青眼一刀意近涉一百一十件者也云々。佛経曰唯有一乗法無二亦無三孔夫子曰吾道一以貫之老子曰三十輻共一轂矣。儒釋道三教唯是一教也。昌能得其劔学之妙則會古流中流古流而到當流之奥義豁開一劔之眼而以為兵法之眼目者也。知者思之々々。

新當流兵法心持之事

一、阴鎗深心疑不覃曳萬法皆一如々々。

陰の鑓の深き心を知人は　位に残ることはあらしな

一、阴鎗劔事金剛堅實如成。

金剛のくりきに悪魔悪敷を　陽の鑓にてつかひおさむる

一、青眼太刀量事以一察萬事手色手品手内之指引賦之事敵之位陰成に陽の心持敵の位陽成に陰の心持知人知人此心持諸具足に取合事真行草の身の以量其々に取扱事肝要也。

青眼の太刀一つにて諸具足を　切とむることこそよきくらいなり

一、諸具足の構を量事上中下三段の構是則法報応の三身を表す。此三の構以積敵の位以長短を積上を以下を積順逆を以前後を積左右の構を以悉位を直す、是皆不覃註雖然為初心如斯也。

上中下三の位を諸具足に　習はしめてつかひおさむる

一、諸具足何も同心持也。取分長柄は鍛錬極也。小具足を以て取詰事有詰り勝事不為覚悟者必越度可有詰て勝事秘事也。但長柄は手馴事肝要也。

長柄をば小具足ふとにつかひわけ　手馴る人は幾度あらしな

一、太刀にて長柄に會は太刀構事なく身作事非す無手に走懸て突拍子を可勝。

太刀を持長柄に逢は身を任せ　はしりかゝりてその侭にかて

一、諸具足共に同構成共身の掛寄て別の様に見る者也。真草行の身積能知事肝要也。

諸具足の真草行の身の積り　能見定て勝事をしれ

一、勝負の時敵に構を持する事秘事也。諸具足共に我構事なかれ手柄仕は應て位を見勝を知事。

構をは敵にもたせてよきとしれ　かずの位の積りあるゆえ

一、無手成人仕合を進る事有必無用也。若亦為事あらば常に鍛錬したる竹刀を可持佗人弓を不引謂事あり。

無手の人しあいを望事あらば　ことは定てつよく勝べし

一、仕合の時左足を曳事悪き也。我は少し引と思へ共程合遙に延行者也。其上敵に仕場を被取事悪也。
仕合には左足を少宛寄事は詰左足とて用儀也。
左足を曳はあしき也　心綻すと人や見るらむ
一、乱劔は知て不可仕必敵の位成事可有覚悟。
乱劔はつかひ得て丶もその敵の　位によりて突よ突なよ
一、諸具足共に懸と待とを見分事肝要也。非懸非待利有事を能々可心得。
懸るとも待とも敵の程合を　積り定て軒と突とも
一、敵の構に依生死を見分事肝要也。生の構は起て為自由、死の構は起て無勝事、其位を見分事稽古と鍛錬に有。
敵の持かまへの鑓を積りては　死の位とは見定ておく
一、諸具足共に勝負の時心に五の病有。
一、高位の人を恐る丶事
二、上手と思ひ恐る丶事
三、敵の架を不審する事
四、無手なる人を信る事
五、油断の事
是兵法の五病也。能々此心持覚悟する事肝要なり。
一、稽古鍛錬の上は諸具足共に端と云事奥と云事全なし。他流當流共に悪きと云事なし。鍛錬不為故に悪きと思ひ能と心得る事僻也。雖尓上手有中手有端手有無手成者に教立秘事也。

悪き事ひとつもあらず諸具足に　よき位なり能かまへなり

一、兵法に不限諸藝共に心に不懸者は必越度可有油断大敵とす。
兵法をつかはすとても侍は　心にゆだん有は大敵

一、稽古に有事構一を以て諸具足に勝やう可鍛錬諸具足共に同心也。
諸具足を遣おさめてその上に　かまへくらいを一つにはおけ

一、上古流不可捨其故は當流も他流の力を以て成也。今時我仕る計能と心得候事僻也。
人毎に吾兵法を自慢して　他流のすじをそしり社すれ

一、師の数を取遍く諸流を知其中にて撰出能為本。
物事に藝有人に寄合て　しらぬ事をば稽古してよし

一、稽古鍛錬を深不積而兵法の沙汰不可謂。
兵法のその濫觴をしらずして　人のたつねは何と答へん

一、仕合の時敵の位乱て荒撃事則打太刀と心得べし少も騒事なかれ。
懸まわりおとりはねたる乳うち　あらく斬こそ撃太刀としれ

兵法五調子

一、當調子の事
敵の持架に怠て當るこそ　くらいにいまだいたらぬとしれ

一、突調子の事
突調子切にはおとる位なり　敵のかまへによりて勝べし

一、斬拍子の事
敵の持架の鐺を斬調子　位にいたる人としるべし

一、詰拍子の事
　敵の持架の鑓を詰るこそ　よき鍛錬の秘ねにてけり
一、引拍子の事
　引ことは悪きと定む事なれと　敵の位をはつす拍子よ
一、此五拍子に乗る事秘事也。諸具足共に同心持也。此外乱調子其拍子を外と不可為。
　乱れては鑓も左足も定らず　きる程合も拍子外れて
　　勝負の時五の心持の事
一、はやかつてわろし
一、おそき事わろし
一、曳事わろし
一、大左足わろし
一、小左足わろし　　　　以上
　　稽古仕合の事
一、荒く動勝事一遍
一、見替て道具に為弓當様一遍
一、無荒無弱乗調子に勝事一遍
　此心持能々鍛錬肝要也
一、兵法者文字に付て以て沙汰す。横の一点堅の一点万事に渡其故は五目録の算を以九図を立拂て高を挙て高上す。
　悉くわらゆる架諸具足を　つかひわけてはひとつにぞおく

一、雨雪の時日道を行濡ることなし。其故は簑笠の徳也。兵法も其位其構により其々積可有此心持肝要也。

雨雪のふりかゝるをも拂ひ除　みにあたらぬは積り有ゆへ

一、兵法の透得工案叶神慮佛力不慮に高名を極る事有衆人愛敬徳有り。神慮佛陀の加護を以て出抽の鬧打不慮云大事をも道る也。

神佛祷るしるしの願れて　心にかゝるうき雲もなし

一、當世無手成人なし定たる兵法の筋目を以難勝諸流の外にて手詰の大事とて可多能々可有稽古鍛錬。

當世は無手成人のあらざれば　鑓より外の饗夜をしれ

一、諸具足の架は時の荘也。唯高上は鍛錬に有、世中に有所の兵法高上を雖極常に心に不懸者は無手成者に劣哉々々。

諸具足のかまへは時の教なり　唯高上は心にぞある

一、弓は挽て放て利有其間を量事電光稲妻より尚早し奇特不思議をなす事皆鍛錬にあり。

弓は只引間ばかりは有ものを　はなしてはやき稲妻の影

一、目附の大事とは敵の顔を見事鏡の位と謂。

突ところさだまる事の顕て　鏡に見ゆる顔の面影

一、諸具足諸構の拳を見る事口傳多。

目付には小當の位能しれて　切はつれず突にはつれず

一、高き具足を突入下具足を越候事は勿論高き具足を越下き具足を突入様に。

敵の持架の鑓は高くとも　かすのつもりを越て見得けり

一、座敷の前後の詰りを心懸る事肝要也。其故は長具足は前後詰りては必可有越度。
　兵法をつかわすとても恒にたゝ　座敷になをる心持せよ
一、當世長具足を能と心得候事也。餘長も如何に候短は悪過たるは不及には不如。
　長くとも短とても吾腕に　かなわぬ道具無益成けり
一、兵法に不限諸藝共に能物稽古する事肝要也。取分兵法は陀流筋を知れば不審成事なし、如是知を上手と謂。
　他の筋をそしらで見ては積るとも　こまかにものを能習べし
一、心詰明の事初心成間は明なる事なし。意の月心の雲晴れ天白日成共大事の勝負の時は重年の学を殺那にもす爰を以明なる事一心三観月は無明の闇を照す古人云。
　ほのく\と胸より出る有明を　よその月とや人の見るらん
　突鑓のはつるゝ事のあらざれば　心詰明のくらいにぞいる
一、劔刃上の一句の事対句云臨深淵踏薄氷と云事、劔の上を行薄氷の上を走事或は捨身或は沈は浮と非儀深覚り登れば到位覚得て自由如斯の儀註すに不及雖然其心を少顕す能々覚所を可意得。
　おそろしき事を面に顕にして　うちには深き位にぞ入る
一、古人云妙々相対則無優劣兵乍に不勝爰を以有無の二劔を覚る勝事は有也。負事は無也。勝負の時無の字鐵関千万里誰抜を此字徹せん那還此心を観念する事肝要也。
　有と見て無とおもへば其侭に　位にいたることぞ嬉しき
一、知て問は義也。不知して問は法也。
　知る事を又よの人に尋ぬべし　同じかるべき位おほきよ

一、戦て得突取徳。
突ところ定まる事をしらずして　余派を尋るひとぞおかしき
一、歌人は不見して名所を知と云事有如其。
兵法の其数々の筋あれど　勝身と突に所かわらず
一、敵多き時の心持の事。
大勢にとり篭羅るヽ其時は　近附敵を味方とはせよ
一、弟子雖賢不及師半徳此心を能感。
覚へたる事をも知らぬ皃をして　日に幾度も沙には問なし
一、雖構一並通加る則其数を不知同事をも深尋極るもの也。
覚へたる事を残さずおしへても　鍛錬の二字のこりこそすれ
一、兵法者顕密二種の法也。諸具足の構顕也。其位を秘事する是密也。
秘事願さんそのためぞかし　かへす〳〵もくらいつヽしめ
一、敵に向而一響を不移。
ちやうとうつ太刀の闇を移さすし　そのまヽ打を上手とはしれ
一、無二亦無三。
一筋に心みたすなその侭に　うつすみ縄の積りはつすな
一、遠近心三つ兼の積。
程合の遠くは構もたずして　かねの位をよく積るべし
程合の近くはきるな引なたヽ　そのまヽかねの位にて勝
敵の持諸具足ともに積せよ　心のかねをはつすべからず

一、閇目悉見。

目をとちて敵のくらいを悉く　見分る人を鍛錬としれ

一、開目則共。

憶しては程合拍子間の積り　見分ぬ人をめ目くらとぞ知る

一、大事の勝負に向ては従闔入於闔。

闇の夜も心の月の有なれば　突はつすべき事はあらしれ

一、因敵転化す廻教外別傳。

勝ことをおしえの外に積りせよ　敵の位のむつかしきほど

一、今時幔利魂に一流の立兵法の構位を見出すと謂共上古流中古流の念流に不相違其故は本手三十三有懸り十二有是を加並返に其数を不知其上兵法人作に非す不及宜之此説無不知者哉兵法不学の者鍛錬なき故により其流々により好と思ひ悪きと思事初心成故也。稽古鍛錬上は諸流諸位勝所皆以同事也。能々鍛錬肝要なり。

五尺ある太刀にて切つけを　分るかねをば能積るべし

小具足は詰ひらき又請はつし　身際の勝負太刀と青眼

小具足に逢は小乳上中下　左右切とめ手品身のきよく

當流も他流も小太刀中太刀も　皆勝事は同じ青眼

走込敵の後に行ちがひ　手本にきるは手品身の曲

諸の流はかわれと勝太刀は　みな青眼の位のぞきる

高上を能見分れはもとの手に　かへる積りを極意とはしれ

打はりて切とも引な其侭に　ふとあへ拍子はつすべからず

強く打事をはやしと思へども　おそき心は其うちに有り
弱くと持てかゝるはおそろしや　つよきこゝろは其うちにあり
かまへたる太刀をかへすと打懸る　ことはあらしな爰敷とも見る
程合の遠き積は有ものを　みちかにならば切て叶はし
小具足を得たる合手に出あはゝ　なをそれよりはみちかにはなれ
太刀下へ詰くる事をうるさえと　おもふな敵を目の下にみよ
相位相身の懸りするひとは　ふかき心はなしとしるべし
斬る太刀を請とめる社ロおしや　道くそさして勝とはなし
仮物に敵の心を引みんと　太刀に當るな空切なせぞ
数しらずかまへ身なりは有物を　たゝその侭に勝事を知れ
詰る事あしきに非ず能になし　かへすくもこゝろ持あれ
心をばつよくも強く持てよし　諸藝は人の見る時にする
腰かたな夜る昼身をば放さねと　心にかけぬ人は用なし
鍛錬をしたるは夜も昼も只　知たる道に迷はざりけり
諸構を能さへしればその中に　他の兵法の高上もあり
おそく無はやくは敵にあらはれて　くらひを見する事はあらしな
位にもいたらぬ人の構をば　たゝそのまゝの本形をかて
諸構を皆きり懸て勝事は　位のうちの位なりけり
程合の遠くはかまへ持てよし　かゝるあひだに位なをさん
勝事は手色手品に身の懸　さそく目付に有とこそしれ

一、従上古他流當流共に太刀数雖無際限青眼の太刀より外餘有とは不見其故は萬の太刀構皆青眼不非直哉。爰以て青眼為高上。

青眼の積りより外余に太刀は　有るとはしらぬ物と社しれ

諸架を皆青眼に遣ひなす　ことばしらざる人ぞおかしき

兵法と逢敵を少しする人は　吾にましたる人はあらしなと

右利方の筋目不可有際限侍共大概是に註也。必他見不可有候。其故は不知文字を直す所も謂言葉てにはもしところに侍れとも古人の物語共有増覚候通書集者也。一笑々々仍如件。

飯篠長威入道
塚原前土佐守
同新左衛門尉
同　　卜傳
本間助解由左衛門尉
同　　外記
久野勘右衛門尉
木幡忠兵衛尉
佐々木惣七郎
下斗米小四郎
奥瀬伊右衛門
日戸　　木工

右一條由奥瀬氏定歯所傳来也。足下抽精勤臻鎗法之術如以一器水移一器故傳授此一軸畢。他日莫向別人浪相授受珍重。

福島小右衛門
奥瀬　舎人

文化六己巳歳六月吉日

野々村圓蔵雅古（花押）印

太田末司殿

第二節　宝蔵院流

宝蔵院流は、鎌宝蔵院といい、奈良興福寺の寺中で宝蔵院の院主覚禅房法印栄胤を祖とする。剣術を上泉伊勢守に、大膳太夫盛忠に槍法を学んで、柳生宗厳・穴沢盛秀・五坪兵庫らの協力を得て、宝蔵院槍術表九本・真位六本、あわせて十五本の式目を制定し、慶長十二（一六〇七）年八月二十六日八十七歳（正月二日八十二歳ともあり）にて没した。

盛岡藩士大矢好古は、好恒、好方ともいい、下野（栃木）の人で大田原飛騨守に仕えたが、故あって浪人となり江戸に住んだ。森義豊に宝蔵院槍術を学び、元禄十四年三月南部行信公によって槍術及び戸田流剣術を以て召し抱えられ五人扶持、享保五（一七二〇）年五月二十一日没す、六十九歳。興誉浄隆居士、永泉寺に埋葬。

○宝蔵院胤栄──宝蔵院胤舜──下石三正──下石松永居士

中村尚政（中村派）

（下石派）

森勘右衛門義豊

森釣玄斎──森玄斎

永田進親庸──村角運兵衛知睦

大矢（谷）作右衛門好古──矢幅八右衛門政孚

安宅市郎右衛門勝興──古澤清左衛門康伯──安宅郷助

今渕彌助──古澤忠助康命──今渕秀蔵

安宅中務光博──今渕左市右衛門政識──金矢又四郎光春

南部利済公

今渕半九郎政応──安村順左衛門政禮──奈良猪太郎真令

金矢保太光輔

臼井隼太──下田惣集女栄隆──高橋五助愛貴

出石源左衛門政鄰──下田栄隆

【流儀ヶ條】「宝蔵院流鎌術」安村順左衛門

初心

一、表　五本

一、元此角　九本

一、仕掛　七本

三要

一、小具足　五本

能成

一、替り　五本

行巻

一、十二本搦口傳

一、小袖合同

一、鉄炮合同

免許

一、口聞　十一本

但常に手合仕候事

皆傳

（大矢好古の墓）

一、口聞　四本
　　但書前同断
右之通
　　「宝蔵院流鎌術」出石源左衛門
一、表　　五本
一、元此角　九本
一、替　　五本
一、三要
一、能成
一、行巻
一、免許
一、印可
右之通

【伝書】『鎌道初学問答集』（もりおか歴史文化館蔵本）
門人問、今此術の備、一を捨て一を用る事如何。欠る事なく圓き備にてさへ事を臨て共に乱れん、増てや初より一を捨る備過りならずや。
答曰、古へ竹刀九尺の時は乾坤看搦とて四方共に塞し備也。然共備る故に物に応する時闕る事あり、依て初に引て安き身を見せて敵を呼込、一を捨るは跡にて備ん為也。

故に尊師道水森氏先生此備を以て初に教玉ふ。

又問、初学の仕合具足計突事他流に替れり、如何ぞや。

答曰、初より面を突、気を留る事謂は草水を作るに二葉より木振を拵ては草木かしけて育ち兼る者也。漸勝気出る所を面又は小手を入勝気を留るは有まじき事也。教の法を能勤る時は具足さへ用捨して出気を進むる者也。若し我意のみにて法を守ぬ時は具足を突て其過ちを知する事教の一也。執行段々熟す時は自ら何方を捨ても當ぬ者也。

又問、敵進む時は退て槍間を除、退く時は場を取、是何つか勝事を得ん人は只一文字に駈入てこそ勝負も有ん。

答曰、船を得ん事を得ずして川に入は水に溺て死す。虎を取んとて得たる道具も持ずして飛懸り却て其身を失が如し。進み退く内にははまらす事を勤めば必勝の所見ゆる者也。

　歌に、五月雨にしらぬ杣木の流れきて　おのれとわたす谷のかけ橋
又問、勝べきは敵にあり。負べきは我に有と云事、勝負共に己れにこそ有ん、何ぞ人に有んや。

答曰、敵能敬み過りなく軍に勝事能はず。此場を考非を訶る故に勝軍は敵にあり、己れ程働邪路なくは何ぞ負んや、程働乱るゝ時は負る事我にあり。

又問、敵の槍に移る時は必負る、移らんと心懸移さんと働べきや。

　答歌に、移らじと思ふ心ぞうつるなり　うつらまじとも思ふなよ君
水清は必月明に移る、我清水の如し、働濁る時は敵自然と移る。手前の働濁りながら移さんと思ふは的を見て手前を見ぬ射の如し。

初学士問、上槍を突は大方は相突あり。上槍は非なる事か。

答曰、夫は身清からずして天神を祈り利生なしとて神を祈の法なしと云が如し、第一心身をしまりて突也。大方上槍の場は敵前より曲を乱したき込時中段搦三返し乗合呑調子先此三を突習べし。後は何方にても上鑓の場知る者也。

又問、押て間の足入悪し如何。

答曰、前鎌にて敵の槍を渡り敵の槍弛む時懸べし。

又問、敵の槍前にあれば押ん事を思、押ては又懸ん事を思ひ段々敵の変に心を懸働んや。

答曰、後を思事を残す心とて悪し、自然と心にて働べし。古語に天心主々而不止是を露の心と云、軒より滴り落るに跡の為に露を残さすとても段々続て連なる者也。其如く跡をたくわひね共心は不盡目に見ゆる毎に手足は働者也。

又問、敵に向く時如何心得ん。

答曰、半目舌巻とて舌を巻目を中眼にし敵の面中見通す程に睨み付猫の鼠をねろふか如くに心得べし。前後左右に一物も心を貯へす来て我に當るを防ぎ少しも手前より他を求ず、水鳥の水上に浮ぶ如くの心也。

又問、身にかすり突を得共敵を二つにせんと振無二に働べきや。

答曰、尤然り去ながら古語に市中に錦有を見て人を見ざれば悪し、是を能見んとすれば入込遅し、能々工夫有べき事也。

又問、工夫にて学び得は何ぞ師に思有んや。

答曰、夫共に師の恩也。師に尋て至事を師参と云、己れと至を直参と云、自至を自参と云此三の實参何れか師恩ならざる。

又問、混而不雑と云事あり。心と業と二つなりや。

答曰、不然敵雑らず、位を取らば此方より能交る如メ呼出す。敵交らば交はらずして其虚を撃也。

又問、敵を呼出さんとして此方より寔に移るは善や、是危き謀ならずや。

答曰、是のみならず、学ぶ人の修行に寄べし。心主の命を聞手足静に自由ならば何ぞ其患有んや。

　歌に、池水に月は夜な〱うつれとも　かたちもぬれず影も残らず
初学士問、深く取込れて働必心に任せず其時業有や。

答曰、木を切も小木の内は小刀にても切易し。大木となれば斧鉞色々の道具入也。兎角取込れざる内に勝玉へ。

又問、其取込れざる働は如何。

答曰、誰にても初より取込れし気の抜自しまり宜しからざる時は取込者也。其時は身を下きくしめ上槍か或は備て敵の虚を見て事を軽して気を強くし順逆合にて勝べし。箇様の所石火の場也。

又問、此術強く働や、和かにするや。

答曰、武道和かなるはなし。然共萬事の業気は強くはまらぬ様に可心懸。

或問、太刀長刀弓鉄炮より先に槍一を上て武林第一とするは如何。

答曰、委くはいざ知ず、刀脇指は町人医者も用ゆ、長刀は女中も持せ、弓鉄炮は足軽第一にす、鑓は武士に非ずして誰が用ん。戦場にも一番二番の槍あり。其外虎口の鑓

殿りの槍とす、外皆脇に成也。其功競る者なし。第一の道具を身帯役に計持せする人は僧山伏の守を懸たると同事ならんや。

又問、其身小身にて槍持せぬ族、此道を学は無益の骨折ならずや。

答曰、小身者大身に成ざる極有や、第一戦場に臨て其道に得たる道具を将たる人是を免ず。楠木正成の家人皆功なるは其得たる物を遣故也。其上當流は此道を能得ては太刀入長刀入棒入の類左のみ違なき働也。右の品々より此術には至事難し。

又問、医者町人等武芸を好を世人是を誹る、武士の好ぬとは如何。

答曰、医者町人武芸を好むには害なし。士の武芸嫌は語に不及、世人せめては其身は武道に疎し共子孫に進め玉ふべし。我身執行と同然たるべし。

又問、女子は何を心得んや。

答曰、家に在ては兄弟人へ嫁して我子の武芸に疎きを進る事第一也。大方の女は木太刀竹刀にて怪我あやまちを厭ひ又は寒暑に當ん事を恐れて進む、子孫を止る人あり。一生武芸を為ぬ人にも怪我あやまちかたわ者あり、能座舗に宜く暮す人にも病気の出る者あり。何程無病旡疷にて長命したればとて士の業を知ずしては不忠不孝なるべし。

又問、表を初て学ぶ人に聲を懸、目をいらゝけて面色を替て強からん事を教玉ふ他流は是をりきみとて悪しと云如何。

答曰、井を掘にも始より清水不出、初より形を和かに好むは弱々しくて遊芸の如し。初はりきみ身もこわはりぬる也。日を重ねて執行積れば何つとなくりきみ抜て常の心に成者也。他流は不知當流は人に勝にあらず、我身正しく曲ぬ事を教而巳。

文政十丁亥歳仲春吉辰　　　　　安宅登克博（花押）印

利済大君
玉机下

第三節　円伝流

神道流槍術は、十二流に分かれた。その内七伝を集めて神道流鎗剣の六十四ヶ条を皆伝として、伊藤祐忠が建孝流（伊藤流、運籌流とも）を創設した。その建孝流を学んだ坂口宮内義品は金瓢流を開き、のち盛岡藩へ伝えて円傳流といった。

盛岡藩へは、四戸兵左衛門方政が、伊奈(東)忠経に学び、皆伝を受けて、更に明和七年取り立て免状を譲り受けて、国もとに持参して師範となった。

○坂口宮内義品――伊奈忠経――四戸兵衛門方政――
――四戸清左衛門政識――小嶋嘉左衛門満近――大巻要蔵秀篤――
――長嶺宅左衛門将恒――鈴木勝彌雅保――田鎖勘五郎政方――
――船越彌五左衛門豊之――┬長嶺七之丞将高――┬駒ヶ嶺立見
　　　　　　　　　　　　└神尾力衛　　　　　└小田代左市

【流儀ヶ條】「圓傳流鎗術」長嶺七之丞

一、中位申渡
一、中位
一、目録
一、免許
一、皆傳
右之通

【伝書】『圓傳流鎗中位之巻』（著者蔵本）

執行之意

和註形をつかひ家の出来る処を家形と云、其上に業の出る処を修練とす、よって今よりその格を離れ初心に立かへり中るヽものを退除之障らざるものは捨て心の大なるものはいかにと真実心の相用る場之、気は心にひかれて大小あり畢。竟形をこしらへなるものは一體の曲直を糺し心気をひらく手段なり。その専一に守る派は筋骨の丈夫多敵にも屈せず武器を採て働自由を得る事要也。爰に至て人の鎗中るとおもふべからず。我よりおこる負とおもひ取て自己を吟味する時は上達の心識にいたらす云事有べからず。千里の道は一歩におこるの心にて修行ある時は大道一致の心なんそなからんや、五常の道一つもかけては匹夫の名のかれまし依て誠義忠勇の儀を序に述るもの也。

付合　口傳
一、射向
一、押付
一、一體満字
一、序破急
一、鎗入體體入鎗
一、用執行捨勝負

以上

先師　坂口宮内源義品
御旗本伊奈吉三郎源忠誼
四戸兵左衛門方富
四戸清左衛門政識
小嶋嘉左衛門満嘉
大巻要蔵秀篤
長嶺宅左衛門将恒
鈴木勝彌雅保
田鎖勘五郎
船越彌五左衛門
神尾力衛殿

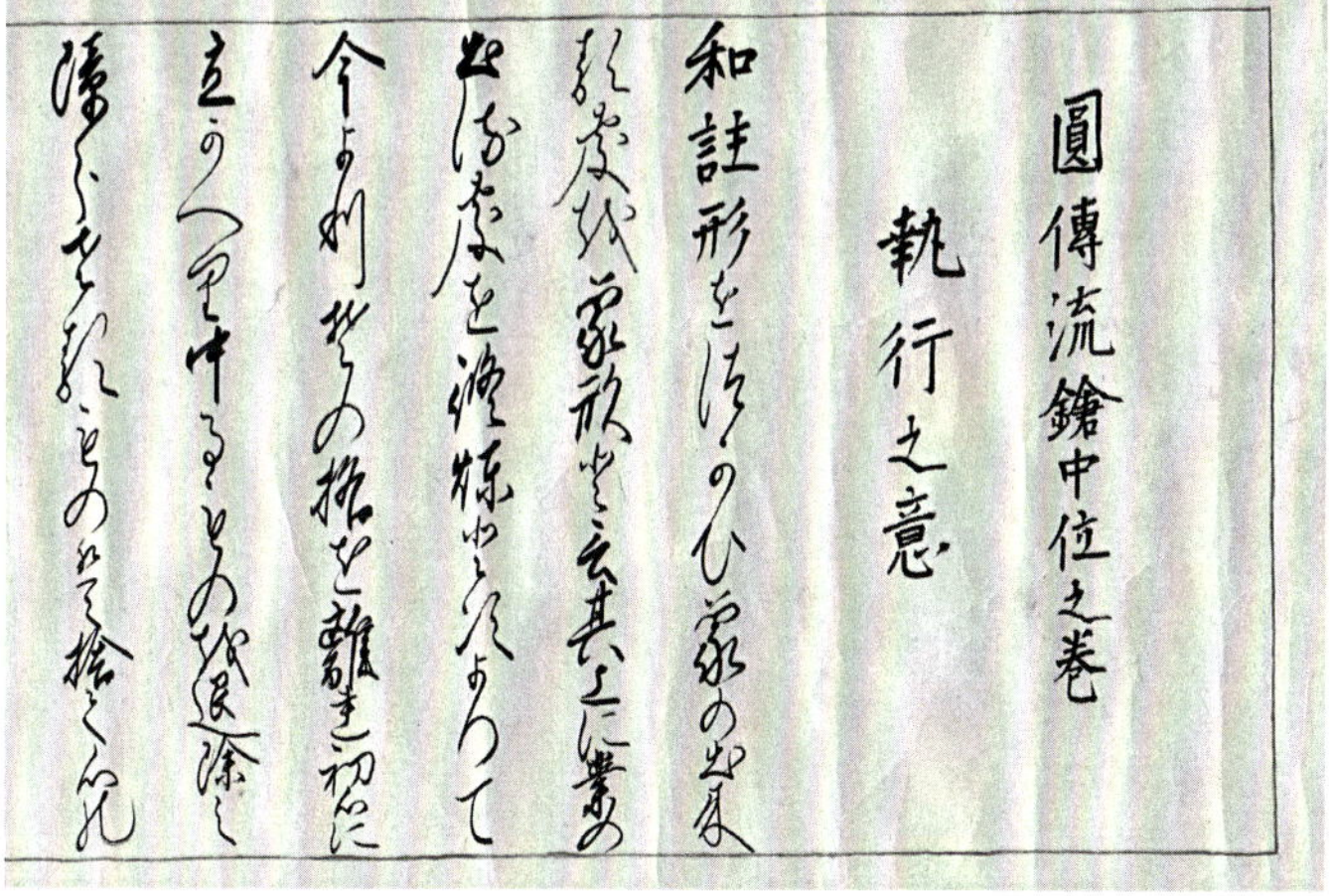
圓傳流鎗中位之巻

執行之意

（著者蔵）

第四節　樫原流

祖は樫原俊重、紀州藩大番の士で二百石。寛永二十年文右衛門と改名し、明暦元年没す。神道流の穴澤盛秀の門人で、槍は初め直槍を用いたが、のちに関口柔心の忠告で鍵槍にかえた。盛岡藩へ伝えた富田邦廣、邦命は本心鏡智流へ変更したようだ。

○樫原五郎左衛門俊重 ― 木川友之助正信 ― 梅田甚之丞治忠
　　　　　　　　　└ 富田柵野右衛門邦廣 ― 富田邦命

第五節　本心鏡智流

鏡智流は、本心鏡智流といい、梅田杢之丞治忠を祖とする。寛文ころ幕府に仕え百挺組頭。木川正信に樫原流槍術を学び、工夫して一派を開創し、元禄七（一六九四）年八月二十三日六十九歳で没した。

○樫原権左衛門時光 ― 富田文太夫定道 ― 四戸八郎左衛門政芳 ―
― 四戸清助政明 ― 寄木伊太夫美加 ― 江苅内類右衛門久豊 ―

┌寄木幾右衛門嘉豊――寄木織衛嘉教――下河原志津馬恒詮┐
└米田傳平義忠――菊池宇兵衛政行――寄木繁左衛門嘉学┘

【流儀ヶ條】「鏡智流鎗術」寄木繁左衛門

一、表　三本
一、裏　九本
一、略　同
一、中位傳術　五ヶ條
一、免許傳術　八ヶ條
一、相続傳　三ヶ條
右之通

第八章　砲　術

銃砲、火薬を用いる武術で、天文十二年八月大隈国種子島に来航したポルトガル人によって鉄砲と火薬が紹介され、その操法が伝えられたのに始まる。

流派と始祖には、田付流（田付景澄）、井上流（井上正継）、津田流（津田算長）、田布施流（田布施忠宗）、稲富流（稲富一夢）、霞流（丸田盛次）、関流（関文信）、長谷川流（長谷川一家）、荻野流（荻野安重）、武衛流（武衛義樹）、中島流（中島長守）、自得流（大野久義）などがある。

盛岡藩には、一火流、心的妙化流、未明流、稲富流、種ヶ島流、中嶋流、高島流、赤松流、荻野流、御相伝砲術が伝わった。

第一節　一火流

流祖は、九州筑前国の人迫兵部少輔一火。種子島に渡り、七年余り砲術を研究して「一火流」を称えた。盛岡藩へは、岡田重勝が万治年間盛岡に来た折、原貞高に皆伝して伝わった。

○迫兵部少輔一火――岡田重勝――原與市左衛門貞高――

村角三郎左衛門重形 ― 是川宇右衛門頼雄 ― 是川勝右衛門章 ―

米内彌太夫義行 ― 横澤武次右衛門高弼 ― 横澤周左衛門高春 ―

　　　　　　　 ― 箱石清左衛門義歴 ― 箱石覚右衛門義繁 ―

下條甚蔵義光 ― 切田良之進親隆 ― 太田代忠助

瀧澤美作義威 ― 宮勇右衛門 ― 中嶋才記常道 ―

菅周作久寛 ― 工藤喜右衛門光忠 ― 中野専蔵政昇 ―

小山田直彌義嗣

【流儀ヶ條】「一火流炮術」　太田代忠助

一、目録　　四匁より十匁迄傳
一、中位　　十匁より百目迄傳
一、免許　　百目以上大炮之傳
一、皆傳
　右之通

「一火流炮術」小山田直弥

初心
一、四匁より三十匁迄傳
中位申渡
一、三十目より百目迄傳
中位
一、五段打之傳
免許申渡
一、備打傳
免許
一、仕掛打火矢打傳
印可
一、大炮打矢倉薬積傳
一、皆傳
右之通

【伝書】『一火流炮術別傳秘書』（岩手県立図書館蔵本）
当流石火矢之事
一、鐵唐金真鍮銅にて鋳之

筒長さ三尺五寸百目也。巣口差渡一寸五分五厘。いほ尻丸さし渡三寸。いほ尻長さ五寸。足輪幅五分。両輪の間八寸。此輪幅三分。耳のさし渡立七寸五分よこ三寸此輪三分。乳椎子の厚さ一寸五分。此外の大筒は玉のさし渡しを以勘定可有也。(図略)

船にて討臺之事

一、舟にて打ては舟うこたもの也。仍て臺にのせて可打。如図長二尺、高さ六寸、横一尺二寸。(図略)

巨霊神討様之事

一、巨霊神打様は重傳也。皆傳にはあれ共爰に出す。土俵臺を卯すこれいちんは短くかろきものなれば王行長き筒の如くにしては不宜、又薬がさにすれば筒はねてならし故に傳とす。如図の縄をいほ尻より通、夫へ一巻まいて亦見當の前にてひさ立にむすひ杬へ通むしふ也。縄のしまり片つりなれば脇へ玉切れあり、能々鍛錬肝要也。巨霊神の如き筒は敵陣へ持歩行するに重法也。大筒は美濃紙にて筒の巣に合程に袋を拵打程の町薬を入又玉を入結切て用意すべし。用る時は玉薬を込打也。但し薬有方の袋を口薬の処に向ふ処を少しさきて込也。口薬のもへつくため也。何れ口火立切なきやうに可致事専要也。口傳有り。(図略)

同中之図

一、箱の縄を土俵等え結付て打也。板は一寸板にて拵筒先の横板あけたてなるやうにすて中のからくりを可拵也。(図略)

矢倉臺之事

一、大筒臺何木にても拵可打自曲臺と云、土俵を置とまりとす。下墨は手にて持位をみ

る也。（図略）

狼煙之事

一、狼の糞能干百目合薬三十目青き杉の葉わらにて焼也。但し青杉なき時は青松葉にても吉。此煙り細く天へ立登り是をのろしと云。

紙筒張様之事

一、紙筒は先心木を平らかにつや能拵水張三篇して其上こんにゃく玉のりにて十篇はり其上を真綿をよくつみ立平らかにはり其上美濃紙にて十篇はり亦真綿はのりを通さぬやうにはるべし、亦みの紙にて拾へんはり、但し下はりしやうふうにて吉。上はりは渋せんはり、尤真綿一へんはりたる時心木三寸ぬき出し右の心木より細く棒を拵こんにゃくのりにて一分の厚さに張ぬき中へもみ入こんにゃくのりにて張たる厚紙丸くして蓋にし亦こんにゃくのりにて六七へんもはり右のぬき上けし処へ入て夫より数へんはり右籾糠は捻同前也。扨目當は鉄にて臺より廻直に目當とす三匁位ならばかた木にて火皿を拵附てはる也。大筒は火皿上に附る故赤銅にて火口を拵へる口傳也。（図略）

玉指渡を見様之事

一、玉のさしわたしを廿四にて二度割れば玉のさしわたしを知る也。

地雷火之事

一、鼠の糞	三百目	一、附子	百目	一、猫の糞	五十目
一、焔硝	五百目	一、硫黄	五十目	一、灰	五十目
一、唐辛子の粉	百目				

右の品々ほうろく玉の如仕込人数多処へ仕込置也。尤右の薬をよく合て紙長く多く拵

一処五六本つヽ置玉にても口薬は常の口薬を可込場処見立敵の可来処に穴を掘り右玉を多く入小よりの口火四五本つヽ玉の火より細竹を割道火を地雷火を仕掛たる場処へ道地雷火は埋火の如く材木ころた石を多く上に置、上を芝くれ等を置人の目に立ぬ様可仕掛置。但し敵来小便をすへき処々に右の玉を置也。所々に置也。

匇割玉並薬之事

一、ほうろく玉の通り也。口火の仕やう迄同事也。但し口火玉より六分出し右玉向にて発する時はいものゆへくだけて四方へちり人に當る也。

一、又は鉄にて拵中へ焼薬とまつ　いうしのりにて中へ堅め口火の穴より火付やう也。右口火穴より煙出る也。

一、はんめう　五匁　一、青とかけ　五匁　一、足高蜘　八匁
一、唐辛の粉　三十匁　一、附子の粉　二十匁

右細末にしよく干當分に交へ但し右五色細末して後目にかけ七十目もあらば胴薬粉にして五十目右一つに合うすのりにてかためる也。尤筒へ入てかため込。(円柱)如図の位にきり玉の中へ数々仕込割七十目入仕上べし。但し是はほうろく筒にて打て吉、又別に余筒も有也。何れ五貫目の玉積り也。
右の薬合せる時はふくめんしてはなえとくけし薬にても含み合せる也。此玉敵陣にて発する時は死、右薬の煙り當る時は死する者多し、不戦して陣兵を屈する大事の玉なり可秘々。

玉抜之事

一、玉抜とは敵のねらう手前より薬ぬくと云しゆもんありと云雑説ならんや。敵の討ん

とする錆薬の気を抜と云事実ならんか。

一術

一、唐焼のせと悉く細末して　百目　一、紫檀　五十目

一、濱茄子の花能干し　三十目　一、芋売茎黒焼　百目

一、焔硝　百五十目　一、硫黄　五十目

一、灰　四十目　一、大亀の糞　二十五匁

右品々末し合せて鍛冶やの鉄を入々したる水へ凢のふんとたんはんを久して置たるを以ねり交せよく干し鎚にて豆位に打砕き薬の上に薬の三ヶ一程込て打なり。四方一町計りにあり焔硝の風にて然立但し焔硝蔵に入ては焔硝用に立たぬ、又はほうろく玉仕込同やう也。敵中へ打入も吉、此薬の気を抜法也可秘々。

音無薬之事

一、鉄炮無音討事、甚いましめ置門弟之内に免すと不免と有必秘事也。

一、薬え唐の土等分に合せ塩を五ヶ一交て打也可秘々。

一、谷越はたとへば谷越に見れば十五間としれば五間たし加へ二十間と見て可打夫共谷悉く深ければ深を見て向十五間有、谷深さ三十間有と見れば三十間三ヶ一十間を加へ其積を以可打。手下落る者也。一町は一町五反の目附二町は三町の目附四町は五町目付五町は六町五反の目付其上は右に準じ心得べし。同手上越仍て五反つヽ引て可打五町以上は八反位引て吉。

居倉之次第

一、居倉は幅五尺に長六尺五寸高さ七寸につく也。　以上

第二節　心的妙化流

流祖は、盛岡藩主南部行信（南部氏三十六代）が創始。彼は寛永十九年八月十七日盛岡に生まれ、元禄五年六月二十七日父南部重信の跡を継ぎ五十一歳のとき十万石の藩主となり、文武の奨励にも積極的で儒学や能に通じ、自らも馬術、砲術に励み、砲術の蘊奥を極めて一流を編み、行信流即ち「心的妙化流」と称した。元禄十五（一七〇二）年十月十日没す、六十一歳。

それを引き継ぎ広めたのが金矢光寿である。彼は、寛文十二年家督を継ぎ、行信公江戸に召して御次役、延宝八年七月十駄、天和二年四月江戸にて三十石加増され百石、貞享元年七月五十石、三年八月五十石加増あって二百石、元禄六年十二月に新田換地を賜い二百二石二升五合となる。御徒頭、御長柄奉行、御足軽頭などを勤める。正徳元年十月には花輪御城代兼帯、盛岡御給人となる。享保二（一七一七）年七月十三日没す。奇峰玄休居士。報恩寺に埋葬。

○南部行信公――金矢與一兵衛光寿――船越新五兵衛正勝――

――工藤彌五八祐弘――伊藤長左衛門祐清――長山蔵太房衆――

――南部利敬公

荒木田弘司景充 ― 荒木田辰之進景寿 ― 荒木田忠治景隆

（荒木田弘司景充の門下：長嶺 続）

（荒木田辰之進景寿の門下：土川吉弥）

【流儀ヶ條】「御流儀心的妙化流炮術」　荒木田辰之進

一、無傳

一、殺生巻

一、境筒巻

一、小筒巻

一、抱筒巻

一、褩秘傳巻

一、臺筒巻

一、木筒巻

一、佛照器巻

右之通

【伝書】『心的妙化流』　（岩手県立図書館蔵本）

小筒之巻　自三匁至四十目

裏星之割
表　町之割
　　棒火矢之丁割
　　鉄炮之図
裏　三寸筒之図
　　同町裏星之図
　　車臺之図

小筒序

惟夫世間所用之鉄炮縦雖軽玉之筒一人以肩一挺若至其重者則益費人夫不少焉方今所工夫之筒或腰之或懐之而後及其放之乃顕功於数町乃外也。吾曽意若或不得止而用兵器之時即毎士着之於腰臨節令打之忽得其功的然矣。或又一士趣一旅者提携之則無可危之地何有可懼之人然則武門之重寶何以比焉哉。其術之詳毎巻載焉冀能勉能熟外階而無残焉。

六尺間六間

　　裏星之割之事　　　見當間

一、三匁筒　　　　　三寸四厘

一丁	二分七り、	一分四毛	一尺二寸三分一り六毛
二丁	五分四り、	二分七毛	二尺四寸五分一り三毛
三丁	八分、	三分一り	三尺六寸七分一り一毛
四丁	五分四り、	二分八毛	二尺四寸六分三り二毛
五丁	六分七り、	二分六り	三尺七分八り九毛

一、四匁筒　三寸四分五り九毛

二丁　五分七り、二分二り九毛　二尺三寸八分三り四毛

三丁　四分三り、二分三り三毛　二尺四寸二分五り

四丁　五分七り五毛、三分三り五毛　三尺四寸八分六り六毛

五丁　四分八り、三分一り四毛　三尺二寸六分八り

五丁半　五分二り六毛、三分五り三毛　三尺六寸七分三り九毛

一、五匁筒　三寸八分七り七毛

二丁　三分一り、一分三り八毛　一尺二寸八分一り四毛

三丁　四分六り、二分五り四毛　二尺三寸五分八り五毛

四丁　六分一り五毛、三分六り九毛　三尺四寸二分六り四毛

五丁　五分一り、三分二り三毛　二尺九寸九分九り二毛

六丁　四分六り、三分　二尺七寸八分五り六毛

一、六匁筒　四寸二分九り六毛

三丁　四分九り、二分三り二毛　一尺九寸四分四り一毛

四丁　六分五り五毛、三分五り五毛　二尺九寸八分三り二毛

五丁　五分四り三毛、三分二り　二尺六寸八分一り六毛

六丁　六分五り三毛、四分三毛　三尺三寸七分七り一毛

六丁半　七分一り、四分四り四毛　三尺七寸二分七毛

一、七匁筒　四寸七分一り四毛

三丁　五分二り、二分六り二毛　二尺六毛

四丁　六分九り五毛、三分七り七毛　二尺八寸七分九り一毛
五丁　五分七り七毛、三分二り九毛　二尺五寸一分二り五毛
六丁　五分二り、三分四毛　二尺三寸二分一り六毛
七丁　六分八り、三分六り二毛　二尺七寸六分四り六毛

一、八匁筒　五寸一分三り三毛
三丁　五分五り、二分九り二毛　二尺四分七り九毛
四丁　七分三り五毛、四分三毛　二尺八寸二分六り四毛
五丁　九分一り五毛、五分一り四毛　三尺六寸四り九毛
六丁　七分三り三毛、四分一り七毛　二尺九寸二分四り六毛
七丁　八分五り七毛、四分九り一毛　三尺四寸四分三り六毛
八丁　九分七り七毛、五分六り五毛　三尺九寸六分二り六毛

一、九匁筒　五寸五分六り
三丁　五分八り、三分二り一毛　二尺七分八り四毛
四丁　七分七り五毛、四分三り　二尺七寸八分四り二毛
五丁　六分四り三毛、三分六り　二尺三寸三分一り
六丁　七分七り三毛、四分三り二毛　二尺七寸九分七り一毛
七丁　九分三毛、五分四毛　三尺二寸六分三り三毛
八丁　七分七り三毛、四分三り二毛　二尺七寸九分七り一毛
九丁　八分七り、四分八り六毛　三尺一寸四分六り八毛

一、拾匁筒　五寸九分七り

三丁　四分、三分五り　二尺一寸一分六毛
四丁　八分、四分五り　二尺七寸一分三り六毛
五丁　一匁、五分五り　三尺三寸一分六り六毛
六丁　八分、四分三り三毛　二尺六寸一分一り一毛
七丁　九分三り三毛、五分　三尺一分五り一毛
八丁　一匁三り三毛、五分六り七毛　三尺四寸一分九り一毛
九丁　八分七り五毛、四分七り五毛　二尺八寸六分四り三毛
十丁　九分二り五毛、五分二り五毛　三尺一寸六分五り八毛

一、二拾匁筒　　六寸七分

三丁　七分五り、三分七り　一尺九寸八分八り一毛
四丁　八分五り、四分九り四毛　二尺六寸五分四り三毛
五丁　九分五り、六分一り五毛　三尺三寸四り五毛
六丁　七分、四分九り　二尺六寸三分二り八毛
七丁　七分七り、五分七り三毛　三尺七分八り八毛
八丁　八分三り、六分五り三毛　三尺五寸八り七毛
九丁　六分八り、五分五り三毛　二尺九寸七分一り三毛
十丁　七分二り五毛、六分一り五毛　三尺三寸四り五毛
十一丁　七分七り五毛、六分七り五毛　三尺六寸二分六り九毛

一、三拾匁筒　　七寸五分

三丁　一匁、四分　一尺九寸二分

四丁　一匁一分五り、五分三り四毛　二尺五寸六分三り二毛
五丁　一匁三分、六分六り七毛　三尺二寸一り六毛
六丁　九分七り、五分三り三毛　二尺五寸五分八り四毛
七丁　一匁七り、六分二り三毛　二尺九寸九分四毛
八丁　一匁一分七り、七分一り一毛　三尺四寸一分二り八毛
九丁　九分五り、六分　二尺八寸八分
十丁　一匁三り、六分六り七毛　三尺二寸一り六毛
十一丁　一匁一分、七分三り三毛　三尺五寸一分八り四毛

一、四拾目筒　八寸三分

三丁　一匁二分五り、四分六り　一尺五寸九分五り二毛
四丁　一匁四分四り、六分一り五毛　二尺六寸六分七り五毛
五丁　一匁六分二り、七分六り五毛　三尺三寸一分八り一毛
六丁　一匁二分、六分一り三毛　二尺六寸五分八り八毛
七丁　一匁三分三り、七分一り七毛　三尺一寸九り九毛
八丁　一匁四分五り、八分一り七毛　三尺五寸四分三り六毛
九丁　一匁一分八り、六分九り　二尺九寸九分二り八毛
十丁　一匁二分七り、七分六り八毛　三尺三寸三分一り一毛
十一丁　一匁九り、六分七り四毛　二尺九寸二分三り四毛
十二丁　一匁六分六り、七分三り六毛　三尺一寸九分二り三毛
十三丁　一匁二分四り、七分九り八毛　三尺四寸六分一り二毛

町之事

一、三匁筒　三寸四厘

一丁　二分七り、一分四り　二丁　五分四り、二分七り

三丁　八分一り、三分一り　四丁　一匁八り、二分一り

五丁　一匁三分四り、五分一り

一、四匁筒　三寸四分五り九毛

二丁　五分七り、二分二り九毛　三丁　八分六り、四分六り六毛

四丁　一匁一分五り、七分四毛　五丁　一匁四分四り、九分四り一毛

五丁半　一匁五分八り、一寸六り

一、五匁筒　三寸八分七り七毛

二丁　六分一り、二分五り一毛　三丁　九分二り、四分八り四毛

四丁　一匁二分三り、七分一り七毛　五丁　一匁五分三り、九分五り

六丁　一匁八分四毛、一寸一分八り三毛

一、六匁筒　四寸二分九り六毛

三丁　九分八り、四分六り四毛　四丁　一匁三分九り、七分五り四毛

五丁　一匁六分三り三毛、九分六り一毛　六丁　一匁九分五り、一寸二分九毛

六丁半　二匁一分二り三毛、一寸三分三り三毛

一、七匁筒　四寸七分一り四毛

三丁　一匁四り、五分二り三毛　四丁　一匁三分九り、七分五り四毛

五丁　一匁七分三り、九分八り五毛　六丁　二匁八り、一寸二分一り七毛

七丁　二匁四分三り、一寸四分四り八毛

一、八匁筒　五寸一分三り三毛

三丁　一匁一分、五分八り三毛　四丁　一匁四分七り、八分六り

五丁　一匁八分三り、一寸二り八毛　六丁　二匁二分、一寸二分五り一毛

七丁　二匁五分七り、一寸四分七り三毛　八丁　二匁九分三り、一寸六分九り六毛

一、九匁筒　五寸五分六り

三丁　一匁一分六り、六分四り二毛　四丁　一匁五分五り、八分五り九毛

五丁　一匁九分三り、一寸八り　六丁　二匁三分二り、一寸二分九り四毛

七丁　二匁七分一り、一寸五分一り一毛　八丁　三匁九り、一寸七分二り八毛

九丁　三匁四分八り、一寸九分四り四毛

一、拾匁筒　五寸九分七り

三丁　一匁二分、七分　四丁　一匁五分五り、九分

五丁　一匁九分、一寸一分　六丁　二匁三分、一寸三分

七丁　二匁六分五り、一寸五分　八丁　三匁、一寸七分

九丁　三匁三分五り、一寸九分　十丁　三匁七分、二寸一分

一、二拾匁筒　六寸七分

三丁　一匁五分、七分四り　四丁　一匁七分五り、九分八り七毛

五丁　二匁、一寸二分三り　六丁　二匁二分五り、一寸四分七り

七丁　二匁五分、一寸七分二り　八丁　二匁七分五り、一寸九分六り

九丁　三匁、二寸二分一り　十丁　三匁二分五り、二寸四分六り

十一丁　三匁五分、二寸七分

一、三拾匁筒　七寸五分

三丁　二匁、八分　　四丁　二匁三分、一寸六り七毛
五丁　二匁六分、一寸三分三り四毛　　六丁　二匁九分、一寸六分
七丁　三匁二分、一寸八分六り七毛　　八丁　三匁五分、二寸一分三り四毛
九丁　三匁八分、二寸四分　　十丁　四匁一分、二寸六分六り七毛
十一丁　四匁四分、二寸九分三り四毛　　十二丁　四匁七分、三寸二分

一、四拾匁筒　八寸三分

三丁　二匁五分、九分二り　　四丁　二匁八分七り、一寸二分三り
五丁　三匁二分四り、一寸五分三り　　六丁　三匁六分一り、一寸八分四り
七丁　三匁九分八り、二寸一分五り　　八丁　四匁三分五り、二寸四分五り
九丁　四匁七分二り、二寸七分六り　　十丁　五匁九り、三寸七り
十一丁　五匁四分六り、三寸三分七り　　十二丁　五匁八分三り、三寸六分八り
十三丁　六匁二分、三寸九分九り

四匁筒之図

一、筒惣長五寸七分五り五毛　一、見當間三寸四分五り九毛　一、巣長五寸
一、筒差渡臺〆際にて一寸一分四り一毛　一、火穴より四分六り九毛の所差渡一寸一分八り五毛　一、しのきはにて九分五り一毛　一、一角目當幅に応ずべし
一、前見當高さ二分五り長さ四分四り幅三分一り　一、先見當高しのはつれにて三分六り長三分七り幅二分九り　一、椎子口より見當際迄二分七り八毛同所よりしのはつ

れ迄八分五り六毛　一、しの太さ一分八毛　一、先せんさし椎子口より一寸六分五
り六毛　一、前せんさし臺〆きはより一寸四分二り　一、捻長七分五り五毛
一、亀尾長一寸三分五り　一、火皿幅二分二り長さ一寸　一、煙返高四分二り長一
寸六分　一、二丁通先見當腰にて八り　一、三丁通同きはより一寸　一、四丁通
同一寸九分　一、五丁通同二寸二分　一、臺惣長八寸八分五り　一、臺柄臺〆き
はより三寸六分五り　一、臺〆きはにて筒上ばより臺下ば迄一寸五分八り　一、か
るか太さ三分同長六寸五分　一、かぶの腕抜穴二分五り　一、先腕抜穴臺先より一
寸一分八り穴長三分一り幅一分五り　一、臺〆幅二分七り引金高二分六り長四分九り
一、地板長二寸五分三り幅臺〆きはにて七分六り　一、椎子口差渡一寸一分五り六毛

五匁筒之図

一、筒惣長六寸三分一り　一、見當間三寸八分七り七毛　一、巣長五寸五分
一、筒差渡臺〆際にて一寸二分三り八毛　一、火穴際より五分九毛の所差渡二寸二分
八り六毛　一、しのきはにて筒指渡一寸三り二毛　一、椎子口指渡一寸二分五り五
毛　一、前見當高二分六り長四分五り幅三分二り　一、先見當高三分八り長三分七
り幅三分　一、一角見當の幅に応ずべし　一、椎子口より見當際迄三分二毛
一、椎子口よりしのきは迄九分二り九毛　一、しの太さ一分一り七毛　一、先栓指
穴椎子口より一寸八分二り九毛　一、前栓指穴臺〆際より一寸五分五り　一、捻長
八分一り　一、亀尾長さ一寸四分　一、火皿幅二分六り長一寸二り　一、煙返高
四分四り長一寸六分五り　一、二丁通先見當腰にて一分二り　一、三丁通先見當際
より一寸五り　一、四丁通同二寸二分三り　一、五丁通同二寸七分　一、五丁半

通同二寸八分七り　一、臺惣長九寸六分九り一毛　一、臺柄長四寸二り　一、臺〆際にて筒上ばより臺下ばまで一寸七分二り　一、先腕抜穴臺先より一寸三分七り五毛同穴長三分一り幅一分五り　一、かぶの腕抜穴二分六り　一、かるか太さ三分二り長七寸一分　一、地板長二寸八分五り幅臺〆きはにて七分九り　一、臺〆幅二分九り　一、引金高さ二分七り長さ五分

六匁筒之図

一、筒惣長六寸八分六り五毛　一、巣長六寸　一、一角見當幅に応ずべし
一、見當間四寸二分九り六毛　一、筒差渡臺〆際にて一寸三分一り一毛　一、しのきはにて一寸九り三毛　一、火穴より五分三り五毛の所差渡一寸三分六り二毛
一、椎子口差渡一寸三分二り九毛同所よりしのはつれ迄九分八り四毛　一、しの太さ一分二り四毛　一、椎子口より見當際迄三分二り　一、前見當高四分長さ四分幅三分一り　一、先せんさし椎子口より一寸九分八り四毛　一、前せんさし臺〆きはより一寸七分　一、捻長八分六り五毛　一、亀尾長一寸四分五り　一、火皿幅二分三り長一寸四り　一、煙返高さ四分六り長一寸七分　一、二丁通先見當腰にて一分二り　一、三丁通先見當きわより一寸五り　一、四丁通同二寸二分三り　一、五丁通同二寸七分　一、五丁半通同二寸八分七り　一、臺惣長一尺五分四り一毛
一、臺柄長四寸三分五り　一、臺〆きわにて筒上ばより臺下ば迄一寸八分五り
一、かぶの腕抜穴二分六り　一、かるか太さ三分四り長七寸七分五り　一、先腕抜穴臺先より一寸四分穴長三分一り幅一分五り　一、臺〆幅三分一り　一、地板長三寸二分幅臺〆きはにて八分　一、引金高二分八り長さ五分三り

七匁筒之図

一、筒惣長七寸四分二り　一、巣長さ六寸五分　一、見當間四寸七分一り四毛
一、一角見當の幅に応ずべし　一、筒指渡臺〆際にて一寸三分七り七毛　一、火穴際より五分六り六毛の所指渡一寸四分三り　一、しの際にて差渡一寸一分四り八毛
一、椎子口差渡一寸三分五り五毛　一、前見當高四分二り長さ四分一り幅三分三り
一、椎子口より見當際迄三分三り六毛同所よりしのはつれ迄一寸三り三毛　一、しの太さ一分三り　一、先せんさし椎子口より二寸一分三り三毛　一、前せんさし臺〆際より一寸八分　一、捻長九分二り　一、亀尾長一寸五分　一、火皿幅二分四り長一寸六り　一、煙返高四分八り長一寸七分五り　一、二丁通先見當より二分三り
一、三丁通同一寸二分八り　一、四丁通先見當きはより二寸四分　一、五丁通同二寸九分三り　一、六丁通同三寸三分　一、臺惣長一尺一寸三分八り七毛　一、臺柄長四寸六分七り　一、臺〆際にて筒上ばより臺下ば迄一寸九分七り　一、かぶの腕抜穴二分七り　一、かるか太さ三分六り長八寸四分二り　一、先腕抜穴臺先より一寸五分四り穴長さ三分幅一分六り　一、臺〆幅三分三り　一、地板長三寸四分七り幅臺〆きわにて八分五り　一、引金高さ二分九り長五分二り

八匁筒之図

一、筒惣長七寸九分七り五毛　一、巣の長さ七寸　一、見當間五寸一分三り三毛
一、一角見當の幅に応ずべし　一、筒差渡臺〆際にて一寸四分五り　一、火穴際より五分九り六毛の所差渡一寸五分六毛　一、しのきわて差渡一寸二分九毛　一、椎子口差渡一寸四分六り九毛　一、前見當高三分長四分幅三分六り　一、先見當高さ

四分三り長四分二り幅三分五り　一、椎子口より見當際迄三分五り三毛同所よりしの
はつれ迄一寸八り八毛　一、しの太さ一分三り七毛　一、先せんさし椎子口より二
寸二分三り八毛　一、前栓差臺〆きわより一寸九分　一、捻長さ九分七り五毛
一、亀尾長一寸五分五り　一、火皿幅二分九り長一寸八り　一、煙返高さ五分長一
寸八分　一、二丁通先見當際より三分二り　一、三丁通同一寸九分六り　一、四
丁通同二寸九分　一、五丁通同三寸四分　一、六丁通同三寸六分　一、臺惣長一
尺二寸二分八り七毛　一、臺柄長五寸五り　一、臺〆際にて筒上ばより臺下ば迄二
寸八り　一、かぶの腕抜穴二分七り　一、か るか太さ三分八り長九寸五り
一、先腕抜穴臺先より一寸六分三り穴長三分二り幅 一分六り　一、臺幅三分五り
一、地板幅九分一り長さ三寸八分　一、引金高さ三分長さ五分三り

九匁筒之図

一、筒惣長八寸五分三り　一、巣の長七寸五分　一、見當間五寸五分六り
一、一角見當幅に応ずべし　一、筒差渡臺〆際にて一寸五分九り　一、火穴際より
六分二りの所さしわたし一寸五分六り七毛　一、椎子口差渡一寸五分二り八毛
一、しの際にて差渡一寸二分五り七毛　一、前見當高三分一り長四分二り幅三分八り
一、先見當高四分五り長四分三り幅三分五り　一、椎子口より見當際迄三分六り八毛
同所よりしのはつれ迄一寸一分三り二毛　一、先栓差椎子口より二寸三分八り二毛
一、捻長さ一寸三り　一、前栓指臺〆際より二寸五り　一、亀尾長さ一寸六分
一、火皿幅二分七り長一寸一分　一、煙返高さ五分二り長さ一寸八分五り　一、し
の太さ一分四り三毛　一、二丁通先見當際より一寸　一、三丁戻し同二寸六分五り

一、四丁戻し同三寸四分七り　一、五丁戻し同三寸八分　一、六丁戻し同四寸一分
一、六丁半戻し同四寸二分九り　一、臺惣長一尺三寸二分一り八毛　一、臺柄長臺
〆際より五寸四分五り　一、臺〆際にて筒上ばより臺下ば迄二寸二分　一、かぶの
腕抜穴二分七り　一、かるか太さ四分長九寸六分五り　一、先腕抜穴臺先より一寸
七分六り穴長三分二り幅一分六り　一、臺〆幅三分七り　一、地板長四寸一分幅臺
〆際にて九分六り　一、引金高さ三分一り長五分四り

拾匁筒之図

一、筒惣長さ九寸一分　一、巣長さ八寸　一、見當間五寸九分七り　一、一角見
當幅に応ずべし　一、筒差渡し臺〆際にて一寸五分六り　一、火穴より六分四り一
毛の所差渡一寸六分二り　一、しの際にて差渡一寸三分　一、椎子口差渡一寸五分
八り　一、前見當高三分三り長五分三り幅三分九り　一、先見當高さ四分八り長さ
四分五り幅三分七り　一、椎子口より見當際迄三分八り同所よりしのはつれ迄一寸一
分七り　一、しの太さ一分四り八毛　一、先栓差椎子口より二寸五分二り
一、前栓差臺〆際より二寸二分　一、捻長さ一寸一分　一、亀尾長さ一寸六分五り
一、火皿幅二分八り長さ一寸一分二り　一、煙返高さ五分四り長さ一分九り
一、二丁戻先見當際より九分　一、三丁戻同三寸　一、四丁戻同三寸六分七り
一、五丁戻同四寸　一、六丁戻同四寸三分　一、六丁半戻同四寸四分五り
一、臺惣長さ一尺四寸二分四り　一、臺柄長さ五寸九分二り　一、臺〆際にて筒上
ばより臺下ば迄二寸三分　一、かぶの腕抜穴二分八り　一、かるか太さ四分二り長
さ一尺三分　一、先腕抜穴臺先より一寸九分二り穴長三分三り幅一分七り　一、臺

〆幅三分九り　　一、地板長四寸五分幅臺〆際にて一寸二り　　一、引金高さ三分二り長五分五り

貳拾目筒之図

一、筒惣長さ一尺二分　　一、巣長九寸　　一、見當間六寸七分　　一、一角見當幅に応ずべし　　一、筒さしわたし臺〆際にて一寸九分四り四毛　　一、火穴際より一寸二分の所差渡二寸一り九毛　　一、しの際にて指渡し一寸六分二り　　一、椎子口指渡一寸九分七り　　一、前見當高四分三り長さ七分幅五分　　一、先見當高六分長さ五分五り幅四分六り　　一、椎子口より見當際迄四分二り同所よりしのはつれ迄二寸四分五り八毛　　一、先栓指椎子口より一寸九分　　一、前せんさし臺〆際より二寸四分

一、捻長さ一寸二分　　一、亀尾長二寸二分五り　　一、しの太さ一分七り七毛

一、火皿幅三分八り長一寸三分五り　　一、煙返高七分八り長二寸六分　　一、二丁戻先見當際より三分　　一、三丁戻同一寸九分八り　　一、四丁戻同三寸　　一、五丁戻同四寸二分六り　　一、六丁戻同四寸六分三り　　一、七丁戻同四寸八分二り

一、臺惣長一尺五寸一分九り二毛　　一、臺柄長六寸　　一、かるか太さ五分長一尺一寸七分　　一、臺〆際にて筒上ばより臺下ば迄二寸八分　　一、臺〆幅四分五り

一、かぶの腕抜穴二分八り　　一、先腕抜穴臺先より二寸二分三り穴長三分幅一分六り

一、地板長四寸九分幅臺〆際にて一寸一分五り　　一、引金高さ三分長六分

三拾目筒之図

一、筒惣長一尺一寸三分　　一、巣長さ一尺　　一、見當間七寸五分一り　　一、一角見當幅に応ずべし　　一、筒差渡臺〆際にて二寸二分一り七毛　　一、火穴際より一寸

三分六り七毛の所差渡二寸三分二毛　一、しの際にて差渡一寸八分四り八毛
一、椎子口差渡二寸二分四り六毛　一、前見當高さ四分八り長さ八分幅五分五り
一、先見當高さ六分八り長六分一り幅五分　一、椎子口より見當際迄四分八り
一、しの太さ二分二毛　一、椎子口よりしのはつれ迄一寸六分六り三毛　一、捻長
一寸三分　一、先栓指椎子口より三寸二分　一、前栓指臺〆際より二寸五分五り
一、亀尾長二寸四分五り　一、火皿幅四分四り長一寸四分五り　一、煙返高さ八分
六り長二寸七分　一、二丁戻し先見當際より三分二り　一、三丁戻同二寸八分四り
一、四丁戻同三寸五分二り　一、五丁戻同四寸三分八り　一、六丁戻同四寸八分
一、七丁戻同五寸一分八り　一、八丁戻同五寸四分六り　一、臺惣長一尺六寸七分
二り七毛　一、臺柄長六寸五分七り　一、臺〆際にて筒上ばより臺下ば迄三寸二分
四り　一、先腕抜穴臺先より二寸二分八り穴長さ三分一り幅一分七り　一、かぶの
腕抜穴二分九り　一、かるか太さ五分八り長一尺二寸九分　一、臺〆幅五分二り
一、地板長五寸二分二り幅臺〆際にて一寸三分　一、引金高さ三分一り長六分二り

四拾目筒之図

一、筒惣長一尺二寸四分　一、巣長さ一尺一寸　一、見當間八寸三分五り
一、一角見當幅に応ずべし　一、筒指渡し臺〆際にて二寸四分三り三毛　一、火穴
より一寸五分の所指渡二寸五分二り七毛　一、しの際にて指渡二寸二り八毛
一、椎子口指渡し二寸四分六り五毛　一、前見當高さ五分四り長さ八分八り幅五分七
り　一、先見當高さ七分六り長六分六り幅五分四り　一、椎子口より見當際迄五分
二り　一、しの太さ二分二り二毛　一、椎子口よりしのはつれ迄一寸八分二り五毛

一、捻長さ一寸四分　一、先栓指椎子口より三寸五分　一、亀尾長さ二寸六分五り
一、火皿幅五分長一寸五分五り　一、煙返高九分五り長二寸八分　一、二丁戻先見
當際より三分　一、三丁戻同九分二り　一、四丁戻同二寸　一、五丁戻同三寸一
分二り　一、六丁戻同四寸四分　一、七丁戻同五寸二分　一、八丁戻同五寸五分
四り　一、九丁戻同五寸八分　一、臺惣長さ一尺八寸一分六り五毛　一、臺柄長
七寸五り　一、かぶの腕抜穴三分　一、臺〆際にて筒上ばより臺下ば迄三寸六分八
り　一、先腕抜穴臺先より二寸五分穴長三分二り幅一分八り　一、かるか太さ六分
三り長さ一尺四寸二分五り　一、臺〆幅五分四り　一、地板長さ五寸七分幅臺〆際
にて一寸四分　一、前栓指臺〆際より二寸七分五り　一、引金高三分二り長六分三
り

（棒火矢、略）

右此巻者雖為秘密之書数年無怠勤業依得此道不残極意許之令不可有他見他言者也。
源行信朝臣
金矢與一兵衛光壽
船越新五兵衛正勝
工藤彌五八祐弘
伊藤長左衛門祐清
源利敬朝臣
長山蔵太房衆

弘化四年未九月
荒木田弘司景充
荒木田辰之進景壽（花押）印
土川吉弥殿

第三節　末明流

流祖は、菅新五兵衛という、詳しくはわからない。盛岡藩へは元禄年中牧吉次に学んだ桂盛政によって伝来した。

盛岡藩士桂盛政は、始め盛高、盛長といい、源五と称し、正保三年父令政と共に盛岡に来、部屋住み御持筒頭を勤む。父の死によって寛文三年十月家督を継ぎ三百石。小石火矢巨霊神二百目筒等を鋳し献上、延宝七年十二月新田百石を賜い四百石、元禄五（一六九二）年四月没した。法華寺に埋葬。

○菅新五兵衛――牧右馬助吉次――桂源五左衛門盛政――
　├杉浦伊左衛門――桂源五右衛門――奥谷彌三兵衛――
　├奥谷次郎右衛門――立花新蔵――吉岡嘉右衛門――
　└

—神平右衛門

第四節　稲富流

一夢流ともいい、慶長年間に創始された和流砲術として最も著名な流派。流祖は、稲富綱信、祐直ともいい、弥四郎、左近、伊賀入道、伊賀守と称し、一夢斉、のち理斉と号す。一色家の臣、細川忠興に仕え、のち尾張松平忠吉、更に徳川義直に仕えた。慶長十六（一六一一）年二月六日没す、六十一歳。

○稲富相模守祐秀——稲富祐直——┬稲富直重
　　　　　　　　　　　　　　　└木崎重右衛門——工藤右馬之助—

—中野半右衛門正富——中野新左衛門正仲——中野半右衛門正辰—

—奥寺直夢定経——勝馬田半六清芳（勝又）——┬勝馬田六郎兵衛清陽—
　　　　　　　　　　　　　　　　　　　　└江刺家瀬兵衛

—勝馬田彦兵衛清賓——勝馬田六郎兵衛清宜——神子田皆人忠成—

—

└山田三右衛門募

【流儀ヶ條】「稲富流鉄炮」　山田三左衛門

一、中位　三段打

一、免許　備打

一、皆傳　火矢烽爐工

右之通

第五節　種ヶ島流

盛岡藩士大村但次は、知方ともいい、下野宇都宮の人で奥平昌章の家臣、元禄十年奥平氏宮津へ国替えとなり浪人、十一年十一月十六日家内五人で盛岡へ来、十二年四月町宅にて田宮流居合を教授。宝永二年六月五人扶持にて召し出された、享保十二（一七二七）年九月十二日没す、七十六歳。

○天野五郎左衛門光定――武宮光信――武宮定吉――清水信春

――菅谷廣卓――岡田定春――藤田重吉――大村吉次

服部宗重――松川政堂――黒屋重定――大村七右衛門但次

大村理左衛門知陳――大村友左衛門洪中――寄木伊太郎美加

寄木幾右衛門嘉豊――寄木織衛嘉教――高橋泰作武光

下河原志津馬恒詮――米田傳平義忠――菊池宇兵衛政行

寄木繁左衛門嘉学

【流儀ケ條】「種ケ嶋流鉄炮」 大村才助

初心

一、居繰

一、中繰

一、立繰

一、船打

一、三段早打

一、五段早打

目録

一、小筒之業
中位
一、中筒之業
免許
一、矢倉割並角前取立方
印可
一、大炮並火術業
一、皆傳口傳
右之通
「種ヶ嶋流鉄炮」寄木繁左衛門
一、中位傳授　百二十ヶ條
一、小筒目録同　七十ヶ條
一、免許同　四十四ヶ條
一、印可同　七ヶ條
一、相続傳同　三ヶ條
右之通

【伝書】『種嶋異風筒矢玉町打目録』（もりおか歴史文化館蔵本）
一、三拾目玉町膝臺打様之事

三拾目玉丁膝臺打様者筒持様礼の仕様の用前打方に同意也。但筒の前目当に櫓を掛て持出る、扨打場へ居鉄炮を左膝頭に立目印を見渡火縄を取、右の膝頭に置角前同様身拵して火縄を掛臺尻を取膝臺にして目印を見通櫓を見積り火蓋を取打也。打仕廻引取角前に同意也。

一、同筒遠丁膝臺打様之事

遠丁玉丁を打には居敷を少丸く掘莚を敷後に土俵を置臺尻を持せ櫓の高下を考へ火縄を掛膝臺にして能見込火蓋を取打也。

一、櫓之事

箱櫓は前目当に掛る又塵櫓は先目当より壹尺か又は五寸手前に細草又は紙より等を立る其時は紙よりの先にて下を定て夫より先目当の溝を見通打也。

一、櫓高下割合口傳之事

縦は筒先五寸に六寸の櫓を掛たる時は尺に五寸の櫓也。是を尺に六寸の櫓に掛たる時は貳寸五分を六にて割れば筒先の掛処何寸何分と知るゝ也。勿論四寸の櫓に掛度時は四寸にて割也。

一、附にて丁を打事

縦は五丁を打時五丁の櫓を掛て見込櫓を弛し臺尻を握り頬か又は胸の中に臺尻の握付候処を覚へて重ては櫓を掛つに其所に付て打を附にて町を打と云也。

一、三拾目玉筒玉町立放打様之事

三拾目玉丁立放打様は筒持出様萬事膝臺に同意也。但角前同様立放は出懸の礼なし打場にて火縄を掛臺尻を取一足立に立臺尻を的に付鉄砲を真直に立て左足を角向に踏右足を片八文字に踏腰をすへ左膝を少前へ折かゝり筒先をさけながら火蓋を取櫓を見積目印を見込放也。

一、矢筒にて鏃矢膝臺打様之事

矢筒膝臺打様は筒持出様礼の仕様萬事三拾目玉町打方に同意也。但鏃矢を筒に込口薬斗つき櫓を掛持出る打場にて込替打候時は矢しこに矢を差て背負打薬は繰早合に入て用る也。身構其外玉町を打に同意也。但筒先へ鏃矢出来て有故に立櫓は不被用依て箱櫓を用る也。

一、同筒立放打様之事

矢筒立放打様は筒持出様膝臺打方に同意也。但立放は礼なく身構は三十目筒玉町をに同じ火縄を掛鉄砲を真直に立て持立て臺尻を胸に付偏身に成左足を角向に踏右足を後へ片八文字に踏腰をすへ筒先をさけながら火蓋を取直に臺尻を取左膝を前へ折かゝり左肩をはり臂を据へ筒先をさけ櫓の高下を心にて掛前後大切無様に目印を見込放也。附にて町を打と云処常々稽古し功術を得る事肝要也。

一、棒火矢膝臺打様之事

棒火矢膝臺打様は筒持出様礼の仕様身構右矢筒打方に同意也。但棒火矢は筒に薬と送りを込口薬斗つき矢は後腰に着五寸之切火縄を二本左手に挟出る壹本は火挟に掛壹本は矢へ火を差ためせ打場へ居り右膝に手を置目印を見渡火縄を取右の膝頭に置玉丁の如身構して腰より矢を取道火を向して筈を筒に指込火挟をあけ火縄を壹筋取火先を吹火挾に掛膝臺にし臺尻を玉町を打如土俵に持せ目印を見通櫓を見積又火縄を取矢へ火をさし道火のきへざるを能見積て火蓋を取臺尻を取左右矢切と櫓の高下を考へ打也。

一、棒火矢立放打様之事

棒火矢立放打様は萬事膝臺打に同じ、礼はなし打場へ居り目印を見渡火縄を取右の膝頭に置腰より矢を取筒に込火縄壹布取火挟に掛又火縄を取矢へ火を差道火のきへさるを見て臺尻を取立ながら鉄砲を立て差揚左足を前へ踏出し右足と後へ片八文字に踏筒先を落しながら火蓋を取直に臺尻を取左の乳の処へ付腹に息を込腰をすへ左膝を少前へ折かゝり惣身を堅め左右矢切と櫓の高下を考へ目印を見通打也。

一、同立放筒留様之事

棒火矢鏃矢共に玉町を打と違ひ筒のつき強き物なれば両手の筒握大切にすべし。手の内ゆるめば筒を抜す物也。先左手にて筒をひしけと強く握るべし、右手は臺尻くだける程に握る。人指は臺の下角に添引合にあてべからず筒つきて来る時左手にて下へ引さけ右手にて臺尻を上へ引揚る心得にて当れば筒重き故巻留に為る也。

一、棒火矢打素矯稽古之事

素矯稽古は臺尻へ細引の糸を詰付て外の人に持せ矯る人立て目印を見込身構して腰腹を入火蓋を取引金を引候はヽ細引を持候人打人の右後へ廻り左足を打人の右足の腮の側に踏付打人同様に偏身に成り腰をすへ打人引金を引候はヽ其細引を力いつはへに引

べし。打人は此引を打矢の筒つきと心得て留べし。引強くして留り兼候時は筒は手より抜て右足の処へ落る物也。右足踏処悪敷は落ちる。筒にて足をうつ物也、又引人は打人の後足より前へ足を踏出せば落る、筒にて足をうつ物也。砲術は頬付抱打共に素矯にて功術を得る事肝要也。素矯百遍して玉込壹遍と云教也。

一、鐘木矢打様之事

鐘木矢を図の如拵て常に打て矢のつきを覚へべし。櫓の高下は左右の手に有り、矢付前後の切は足踏に有り、身の入様は左肩と腰腹に有り、鍛錬工夫をして功術を得る事肝要也。

鐘木矢之図（略す）

右棒火矢様は三十目五十目百目筒共に萬事同意也。

第六節　中嶋流

流祖は、中嶋長守。郡山城主本多康之助の浪人斎藤新蔵に武衛流、同家中の大野宇右衛門について自得流の皆傳を受け、更に紀州家中佐々木浦右衛門に師事して佐々木流を皆傳し、三流を合体して「中嶋流」を称した。

盛岡藩へは、鈴木景致が寛政五年十二月江戸にて、浅羽政庸に入門し、免許を得て広めた。享和二年三月御流儀御免状御預となった。文化六（一八〇九）年没す。

○中嶋太兵衛長守――浅羽主馬政庸――奥瀬要人嶋載――

――鈴木恰景致――伊藤栄次兵衛政緻――鈴木恰嘉忠――

――高橋軍右衛門吉親――鈴木恰嘉一

【流儀ヶ條】「御相傳中嶋流炮術」　鈴木恰

初心

一、小筒より拾匁打方

目録下

一、三拾目打方拾匁早打

目録

一、三拾目早打百目抱火矢

免許下

一、炮硌並揚火御相図

免許

一、仕掛火矢炮硌早打

印可

一、火矢玉矢倉薬積

右之通

【伝書】『中嶋流炮礫火矢秘傳』　（もりおか歴史文化館蔵本）

當流の砲礫玉は桁打也。早打を為専要七八町以下彼我逗迫の町間を試て制敵火矢は雑木板羽を専ら用とし城営を焼炮礫は木銃を用て大玉を飛せ陣営城畳を焼落す事を専一の術とす。却て客易神速之術を勤として迂遠にして人の耳目を驚し制敵の道に益なきを戒る事是我流の的拠也。凡炮礫木筒を用ひかな筒を不用事は鋳筒は重して運送に便非す、木筒は敵国にて深く客と成て制之といへ共工道の手を俟ずして即時に製作し速やかに敵陣を焼て實に神速なり。其人にあらずんば敢て妄に傳べからず、傳る時は彼が為に制せらるべし。呂功玉格言に国の利器は人にさつくべからずとは豈慎可あるべけんや。

砲礫玉製作之法

一、三〆目玉の巠	四寸一分一厘五毛	一、五〆目	四寸八分八り
一、十〆目	六寸二分六り	一、十五〆目	七寸三り五毛
一、廿〆目	七寸七分四り二毛	一、廿五目目	八寸三分五り
一、卅〆目	八寸八分六り四毛	一、四拾〆目	九寸七分四り五毛
一、五拾〆目	一尺七分八り	一、六十〆目	一尺一寸二分
一、七拾〆目	一尺一寸七分八り五毛	一、八拾〆目	一尺二寸三分
一、九拾〆目	一尺二寸七分八り五毛	一、百〆目	一尺三寸二分四り

一、七寸玉製法七寸以上一尺三寸に至て記之に玉は是に準じて作べし。

以上

一、鉛かわの厚さ一分計りに延べ立る鉛厚きは悪し延べやう堅木の小口を鉄敷の心に居へ其木口を丸く玉形りにくぼめ夫に當て大きなる鉄槌の小口の丸きを用ひてたゝき延るなり。大概七寸玉の片かわを一日に延べし。たとへば其片かわは丸き物を半分にし割たるより少し呑込有様に余けひにすべし。

（図　略）

焼薬詰様之事

一、七寸の玉焼薬塩焇二斤又灰硫黄樟脳を加へて勝さる程に詰べし、つめ様はほくちの如く或は長く又は短く丸く太く小く種々にすべし。胴薬の者大紙を用て包み苧にて巻鉄槌にて強く打堅め或は又右の如く細くしてつぶしに切てもよし中程に着火のかり管をさし下に一扁右拵へたる焼薬を敷き其上に割薬をふり掛てたとへば魚を鮓に漬たる如くすべし。尤片側に入余るに付受紙を側の内に敷張り能々詰て彼のかなしきの如き臺にのせ盛り上たる焼薬を随分堅く詰め口を紙にて張りつめたる薬かわかりぬ五六分も高く盛り両方共に口其如くつめ双方を合せしめ木にのせもじりにてしめるなり。其図左の如し、右割薬七八拾目計り又百メ目の玉の割薬は三百目計り其外は是に傚て知るべし大極秘なり。

（図略）

一、三メ目玉　　五町　廿三匁九分
一、拾五メ目玉　五町　六拾目
一、百メ目玉　　五町　百廿目
右各矢倉尺に八寸是を當流の高矢倉と云。薬込は町の遠近に随ひ増減すべし。其羽の玉共右に準じて薬の分量を積るべし。惣じて薬はすくなからんと思ふ程に込若し下りたる時に薬を増べし。始より思等と込べからず。矢倉は一町より関町迄八寸に増減すべからず、四寸の玉に而拾町余の遠町を打つ玉拵の事鉛の片側に焼薬を焼酒に而練りがはずり〳〵につめ夫を物に写し左の図の如くに切是を密柑詰と云。

（図略）

炮礫木銃制法　但し十五メ目玉

一、寸口径　七寸　　　　　　一、巣中長　　　　　　　二尺七寸
一、筒惣長　三尺八寸　　　　一、末口片側の木口厚さ　一寸六分
一、筒末口　一尺二分　　　　一、薬持　　　　　　　　一尺二寸五分
一、本口　一尺一寸六分
一、火皿上火皿木口より一尺二寸の処に有り、火穴は管金の煙管の如く成る物を差込なり、薬受の火皿は大銭程にしてくほく上戸の心持にすべし。
一、木口より七寸五分の処に一寸二三分四方の樫を筒合目に賸にして横に差込み筒の両

方に手一束餘り程つ出し置仕掛の時角邪を直すたよりとす利用多し。
一、末口より置うて木迄側の合せ目に合釘の板を貫樫板厚さ六分幅一寸両方の側敷居の溝の如く彫り其みぞに右の釘板を入る火洩ざる為なり。
一、末より末に桶の輪を側の木肌の不見様にひしと入る輪の数四十八有り。尤時宜によるべし、定数は毎之末口より薬持迄は末口より入る、薬持より下は下木口より入るなり。

惣長三尺八寸

一、五拾メ目百メ目右に準じ、五拾メ目は筒長さ三尺九寸百メ目末にて片側二寸百メ目は二寸六七分計り成べし。
一、拵置筒乾き竹輪ゆるまり侯そヽ一日前に水に浸し能々しめし扨玉一つ打候はヽ巣中より大きに水出るなり夫をかたぶけ其跡を能拭ひ込べし。
一、玉は紙にて玉衣四五へし着せて其玉に鉄の糸を打置て其かすかいに苧縄を通してをしみ縄にて玉を巣底に送り下るなり。
一、目當は中墨を出してかりに削りて時に施し用べし。

以上

第七節　高島流

流祖は高島茂敦で、秋帆と号す。父（高島四郎兵衛）より荻野流並びに天山流の和流砲術をまなび、天保年間オランダより銃砲及び兵書を輸入して洋式砲術を唱え、日本の軍制改革を促した。慶応二（一八六六）年正月十四日没す、六十九歳。

○高島四郎太夫茂敦（舜臣）
　├高島茂武
　└下曽根信敦―大村源五郎次忠―大村才助次儀

第八節　赤松流

流祖は、竹内則正、則正流という槍術の祖でもあるが、詳しくは分からない。

盛岡初代は石井光海で、文化八年火薬師を仰せ付かり、北海道松前へ行ったときに国後島に於いて公儀役人、江戸の人である奈佐政辰について学び皆傳を得た。

○竹内藤市郎則正―竹内正宗―斎藤吉則
　├中山吉家
　└片庭源左衛門吉勝―塩原源左衛門―奈佐瀬左衛門政辰―石井熊太光海―長澤文内

石井安右衛門義時――金田一儀左衛門政定

【流儀ヶ條】「赤松流炮術」　石井安右衛門

初心

一、三段打

一、五段打

一、千鳥五段打

一、繰打

一、船打

中位

一、紙筒

一、三段打

一、五段打

免許

一、大炮實丸打方

一、玉火矢

一、八方乱

一、成連

一、焼破箭
一、自走火船
一、木丸炮縁
一、雨段丸
皆傳
一、相図
一、備打
一、亀月
一、大炮早打
一、鉄丸炮縁
印可
一、地雷火
一、水雷火
一、毒連火
一、毒火
一、続炮縁
一、乱火
一、埋火
一、雨象曲乱
一、研大炮

一、相続傳
　右之通

【伝書】『赤松流砲術中傳』（もりおか歴史文化館蔵本）

夫有名鉄炮者流布世上以来不倚上工中工普翫人多矣。然而正功全其名人罕也。其謂何乎労身焦思所以不於日々千鍛百錬也。斯有人當時志此道経歴于諸邦雖求術其更其不得異術故俄然而鱗肢翼鞋凌白雲飛元帆漸到種有嶋於嶋経五春傳秘術口訣無不窮其閫奥矣。時来本邦而為後生未練之学者記趣百発百中之藝嗚呼未学而暴慢人豈軽不到其奥乎。豫都非欺後生心其心者処用有利々者義之和者也。応変臨機利之処和有妙也巻之不満懐序之渡四海是工夫之処致也。名由功功生智徒事顕不依貴賤甲乙于與入道致忠信去非取是可補此術矣。火就乾水流湿是則処用有利謂哉。至斯先達引古今序曰種人意萬之言葉成也。習之外習唯有稽古鍛錬矣。語曰学而時習之不亦説乎。将聖遺言仰彌高斬愈堅青雲却似有洼矣。

中傳

一、自拾間六拾間迄薬込之事
一、桁之目付之事
一、ノケ之目付之事
一、目當に差奇る事
一、胴繕之事
一、息合之事

一、切筒玉込様之事
一、相玉詰時之事
一、遠近之事
一、手之内之事
一、引金之事
一、夜之目當之事
一、走者之事
一、口薬之事
一、三拍子見込之事
一、アウン息合之事
一、矢狭間寸法之事
一、自矢狭間錆討様之事
一、夜軍之時錆討様之事
一、星に星と言事
一、早討之事
一、早閑之事

無用拾箇條

一、人上非難之事
一、素筒成共人前に不可向事
一、石に向不可討事

一、見切遠者之事
一、執心浅に秘事傳授之事
一、強薬好事
一、直不成鉄炮之事
一、火辺薬扱之事
一、不定玉拵之事
一、争はさみ者之事
右之條々當流雖為秘説令相傳畢。猥に不可有他言他見者也。
年来系図之畧
石井直彌（花押）印
安政二歳九月吉辰
澤口徳松殿

第九節　荻野流

寛文年間に荻野安重が稲富流、正木流など十二流の砲術を集大成して創始した。江戸時代最も普及した砲術（大筒）である。

種子島流の砲術を伝えていた荻野家の四代の孫である荻野安重が、家伝を大砲に応用して早打乱玉という技を創案し、浜松藩主本多豊後守に仕え（中小姓、三百石）たが、正保元年浪人となり、弟の正辰と相談して正木流その他の砲術十二流派を極め、大成して「荻野流」を称した。寛文七年二月岡山藩主池田光政に仕え（二百石）、再び浪人となり、のち明石藩松平若狭守に仕えて（三百石）、元禄三（一六九〇）年六月七日七十六歳にて没した。

○荻野六兵衛安重——荻野照清——荻野照良——荻野照永
　　　　　　　　　　　　　　　　　　　　　└安田良助碧山
　　　　　　　　　　　　　　　　　　　　　　　└桜井忠太夫経徳
　　　　　　　　　　　　　　　　　　　　　　　└奈良猪太郎真令

【流儀ヶ條】「荻野流炮術」　桜井忠太夫

初伝

一、小筒拾匁迄立居

一、棒火矢打方

一、昼夜相図打方

二傳

一、大小炮打方

一、横打炮礫玉之事

一、焼破炮礫火矢之事
一、拾匁筒鎗前序破急打方
種ヶ嶋免許
一、貫目以上火矢打方
一、立矢倉仕掛之事
一、繰やう繰引打方
大筒免許
一、蛮矢倉之事
一、大小炮鋳立之事
一、大小炮地引之事
一、船中打方
一、乱火矢打方
一、皆傳
右之通

【伝書】『荻野流五十ヶ条』（もりおか歴史文化館蔵本）
一、従種ヶ嶌鉄砲傳来之事
大隅国種ヶ島と云所え天文癸卯年南蛮の船漂着して蛮人種ヶ嶌の者え鉄砲を傳授す。翌年又蛮船来りて捻を致す事を傳ふ。是より世上え廣まりたる也。其節渡したる玉目十匁銃なり、依て之右の名を呼て十匁を総て種ヶ嶌と云。此銃を元にして大小の筒を拵立たる也。依之當流は種ヶ嶌流と云。凡元文三年まで百九十六年成る、其時の皇帝百六代後奈良院将軍は尊氏十二代義晴。

一、膝臺身を極つ事

抱は膝臺を専らとす。身を極ると云、身躰直に極る所なり少しもゆるみたる所なく惣躰に筋か能く満ちわたり竪りたる処を至極とするなり。

一、偏身之事

ひとえに十文字の躰なり。先つ弓手の肩を前え押出し妻手の肩を引込み物見を後ろえ寄すれば躰直え成る也。東え向えば北え打也。

一、生身之事

生れの躰にて直に満たる所也。死身と云は間抜折けたる処也。少しも馳みあれば頬の付あわぬ者也。直にならねば身直にならぬ也。此の道理を修行専ら也。偏身生身にて膝臺身を極る所也。

一、手の内之事

小筒右の手の内よく堅りたるが吉、堅め様は手と臺かぶと離るゝ心得也、心得は手の内の筋か指先まで満渡る也。然る時は手の内臺かぶぬけて留る也。左の手の内もさえて締りたるか吉、左右弓を引張たる心得也。もたれて強きにはなし至極くさえる処也。もたれて強きは邪力也。種ヶ嶌等手の内具に記しがたし練熟第一也。

一、息相の事

息相はあうんの二也。急度息のつまりたる処にて発すべし満たざる息には馳みて弱いき惣躰え充れば弱き処なり、是を勝負の息相とも云。

一、一目に引事

其物の真中を只一目見付て無に念引べし。故は働く者を打取思案ありて二目みる事ならず也。依て前先の目当をしらべをきえ付て其物を一目見ると引べし。其物よく目当を見揃るは悪し角前にも同事也、依て常の修行に一目に引事。

一、すまし之事

萬事の清濁さゆると鈍との事也。鈍を嫌ひさゆるを用也、又みたるは只満て動かず打たる跡にてもほからかに成りさえすみたる也。膝臺身を極すと云は躰堅く曲りなき也。此段は修は練の事にて極ることの至極也。

一、立放之事

膝臺は極て能也、然共立放を用る事は地形の善悪矢掛の好悪により或ひは多く篭城陣城等を責るに楯竹策にて仕寄る時用る也。城中よりもせり合時は物陰より立出可打この時立上り火挟の火蓋を切れば猶豫の所を敵より可打取依て下にて火をはさみ火蓋を切り立上り早く打処を常の稽古とす、然れ共其外鎗前など敵の近寄るを待処にては立ながら火蓋に手を掛け可待こと也。扨又膝臺立放抱の元也、身曲尺合よくては形は如何よふにしても自由に打るゝ者也。

一、作法色々有事

鉄砲は近代の物ゆへ故實無の作法と云者先諸作法にて鉄砲一こきに掛る也。貴人の前え窠口を不可向く常々下輩の者えも曽て不可向く戦場にては必ず窠口敵え向く金物の方席え付ぬ者也。惣躰金物え手を付るは不作法也。戦場にて玉薬込よふ打方等出陣より帰陣まで作法此の内え篭る也。

一、人形寸法の事附たり角に直す寸法之こと

人形五尺五寸の長を常と定る也。依て絵書に長五尺五寸に書甲冑の帯びたるを真の人形と云也。是を略して巾八寸に五尺五寸の板に中星を付人形と云是六七拾間にて打人形也。三四拾間にては胴形と号巾八寸一尺二寸の板に星を付用る也。三拾間十五間にては巾八寸を十文字になし八寸四方にして角に違に立て用る也。是を八寸角と名付定法の角是を四つに切四半四寸の角なり。夫より以下二寸一寸右準す角の字は上下左右同寸なる故の名也。少し違いても竪て横也。世間にて三寸五寸の角を用る事あり、定法にあらず三寸角を定法の様にいふ者大なり誤也、此の訳次のヶ条にて可知。

一、間割仕込角寸法之事附り仕込目附之事

鉄砲を鍛冶に排出来の上中りを定るに間一分と云て一間に一分の積に六間にて六分の星にするなり。十間は一寸の星十五間は一寸五分の星也。十五間にては星ばかりえは中り少きに依て星一倍の白みをゆるして三寸の角にする也。右之通にて玉数を定め幾つ星入角入と中約を極る也。さて仕込目付は六分の星真中を見打也。十五間にて真中より九分半下を見て打ば中に中るもの也。小筒惣ても目付如此也。中を見て中にあたる者六間ばかり也。是を六間の出合と云なり、右えは五間出合に仕立るなれ共當時は皆六間出合也。

一、早打之事

早きと云本意は勝負を可知子細は戦場鉄砲せり合序破急三段之打方也。極て要用の所は急なり、敵間遠にては中り少し引付矢頃にて専ら打所第一也。鎗前まで用意の玉か

ず打拂也。手早ければ敵より少しも玉数す越す処則勝也。依て常た手間をとらぬ様に手早に練熟する所肝要也。尤諸具に不具無之よふに可心掛専一也。

一、備を立打掛る事

備は軍法の通なり如何にも堅固に正く立也。備は五の目厂行挟地座備押前操引など二重三重其場相応の備可用尤敵を敵を見下す様に可立、打掛ると云は序破急の三つなり打初様も敵間三町定法なり。然共遠近其場利不利を考え打出事肝要也。矢初には可序或敵を引付打処は破急也。玉薬を前に不費矢頃にて打所第一也。又謀には中りにも不構打も又利也。此のヶ条之内第一修練可致也。

一、矢掛りを取事

先つ敵を見下し陣を取る事専らにすべし。扨物間見切矢頃の所にて敵の楢豫するの地形何とぞ有之よふに可取とりよふ悪ければ敵の勝手と也。負を取なり鎗前までに定の玉かず打拂ふよふに積り肝要也。打餘しても又早く打切も大きなる劣なり或は矢初三町よれといえ共敵の足掛りあらば待合て敵込合処を急に打ては大利を得る也。序破の時は味方少々不自由にても敢て構なし。急を打所矢かゝりを可考是又詮儀第一の処也。

一、揚矢先之事

少々高き所にてはなし、格別に谷より峯え打様場也。此の処にては矢ごろにて打ば一段下るもの也。目付より一こぶしたか見上げうつなり。

一、下げ矢先の事

是れも少しの低き処にてはなし峯より谷え打よふの場也。心ずす者也。一挙目付より下げ可打なり。

一、間数目付之事

真中を定として間の遠き程少しつヽ真中より上を目付る也。たとえば十五間二十間迄は真中を見三十間は一挙上四十間は二挙上五十間は首の付きわ一町は眼余れば頭の上是までは目付あり頭を離れては定かたきに依て矢倉をかけ打也。右目付銃の大小薬の多少に依て替りあり此段無覚束しては急用即時に用る事難成也。

一、露塵矢倉之事

銃の上角前目當より先目當の間に三つ五つ七つも卯の金を付け有る筒多く有る者也。露の如く成るをつえと云横に一文字なるを塵と云ふ、入違て露塵付る者早く見安き為なり元来ちりを即時に付け打者也。目当目付の及ぬ処えこの矢倉を用る也。一のつゆにて何十間二つの露にて何ほとヽ定置こと也。

一、鎗前打様附り下知之事

矢初より拾一の玉ひどよく打てしつはらいの玉放しかに放し鎗前なり。此所打悪き者也。子細は敵間近く引付ては進み甚だ構も定りがたき者故格別の下知を加ゆる也。先つ常之身構にては何程しづめても静らぬ者也。依て膝臺を平らかに居させ又両足を前に出させ或は左の肘を地に付て腹這等にして打しること其時に応じ下知すべし、ヶ様に即時に身構格別にすれば夫に心移り動するの気しづまる由承り傳ふ。扨待鉄砲は鎗前一放しに放したるべし。惣じて鎗前間数は急用引付て五間七間にて可打矢頃と見ても必ず遠きよし能く心得べき事也。

一、火縄之事

常に用る所の竹火縄を言用前は木綿火なわ檜火縄吉し子細は竹火なわは火先火移り至

極よく十分也。本めん檜は火味し竹程になく八分也。平均して見るに火味之悪き処に二分の損あり、然れとも竹は年月をへて火付ぬ者也。第一水気を忌む者ゆえ少し雨に逢か夜露に當れば何程ほしても二度と火の付ぬ者なり。戦場にては雨露防ぎかたし、然るときは皆無の損なり。木綿檜雨露に逢てもよく干時は火付き替ることなし。此の徳を以て用法にもちゆる也。

一、火縄挟様之事

指先にて挟まず、肩よりの力肘尻にて如何にも強く挟むべし。物前にては火縄落し候へば終始玉数之内不参に立也。子細は肝悪の処は何れも急を用るに依て火縄挟み直す間其分後れに成る也。常に足軽等稽古打之時も火縄取をと三分不参に改るなり。

一、火なわ隠之事

夜打夜軍の時用る也。火を隠す事は夜中は火を目當に打掛る也、依て火第一と隠す也。先遠路は道具にて隠す行く也。即座には佩楯草摺の陰にかくす或は手に持時は三指にて持隠すなり。火挟むときは筒を後ろの方へ廻し身にて隠す挟む也。扨挟みては右の手を火先に覆隠す也。火蓋のからくり鋲に穴ありこの穴に竹串を差紙を挟ても隠す也。兵書切火なわは寸尺短くきり竹に挟み見せ備等に用る軍法の手立也。鉄砲に用ゆる切火縄は一尋程にきる也。此段心得ちがい鉄砲の切火縄を短くきること有、短くては打と飛てにと目の用に立ぬ也。

一、引味之事

常の稽古にも引味早きは悪し引味早ければねらい不定内にあた落ぬる也。依て引味強くして可打習用前は常より一際強して吉。子細は敵前にては勇甚しく勢力つよくなる故引味早ければ尚以あた落は玉一つの不足に成る也。

一、早合之事

番筒は早合十連り待鉄砲は鎗前ばかり成れば早合二つにて可然拵様は本図之通にてよき也。世上に多替くたる仕よく有之大きに心得違ひ誤り多き事也。早合の早きと言ふ一字肝要也。是を不分明にして拵たるは一円間に合す何分にも早く打出す事ならず遅打になる也。序破急を以て考知るべしヶ条の処に割府有之也。

一、相玉之事　　別に解なし。

一、劣玉の事

相玉は薄き紙にて一重包一放打次よりよく拭切なり、十放の間にて三度も筒の掃除なくては打れぬ者也。よく調え打時は中り十分なり、然れ共戦場は急を用るに依て相玉にては筒掃除時こく移るに依て劣り玉を用ゆ。劣り玉は三匁五と之相玉ならば三匁三四にする也。是を用れば一より十迄筒之掃除なくして打拂ふ也。相玉にては中り十分をどり玉にては中り七分也。三分の損あれ共肝要の場至極急を打持相玉は鎗前まで五放ならでは打るまし皆中五つの中り也。劣り玉にては十放打拂ふべし。然るときは七つ中り是二分の勝あり、爰を以て劣り玉を用る也。此勝劣分明也。萬事早きを肝要と知る也。

一、玉拵之事

をとり玉にては筒へ込時窠口少し下りても玉落るなり、依て玉拵をして早合に込め置く也。拵様は小刀にて玉に削り掛けをして夫を板の上にて少し廻して早合えこむ也。又歯形を付ても用る也。

一、胴薬の事

くすりは調合は火合にすべし。水はしほ気水を用て吉、すこしならば切合にてぬる也。委くは口傳。扨用る処は能く于切り粉なきよふにして戦場えは番薬なれば早合へ込持行に遠路はゆれて粉下え満る者なり。量目少しになり損也、又早合より玉きすみて出悪きものなり。

一、口薬の事附り込様之事

口薬は右の胴薬を粉にして用るなり、至極細かにすれば火味者火て悪し、薬研にてざつと砕き馬毛篩諸目細か成るにて通し粉砂のごとく成さらしたるを用ゆるよし、込ようは火皿にたつきりときせせりを一二へんつかい指にて押え火蓋をいたし吹拂ふべし。せヽり多遺えは者火る也。口薬は立消ぬれば一放の不参に定る也。口薬常に用るには夫々の薬法にして吉、用前は夫々に仕分る事不成によつて胴薬を用る也。

一、薬入物之事

くすり入物共者雨に逢ひ日に逢ひ不損よふに能堅にすべし。売買の物などは糊付膠付とふにて離れ安し、胴薬入腰差しが吉、口薬入くちの廣が吉。扨色取花やかに朱ぬり金ばく等を置たるが吉。子細は閙しき時地形の色或は草むら等の色に紛れ見え悪き者也。依て之甚しき色を用る也。

一、胴乱玉薬入様之事附り取納之事

前に云早合を打如前襟に掛て遠路え持行共は首痛み雨中などには持がたし、依て何にても俗を拵え夫え入て持参する事也。其俗を革にて胴乱之形にす故胴乱と呼なり。然るを悪く考て胴乱にさまざまの形を拵え早合を一つ宛入或は胴乱に俗を付け是え早合を入るよふにし、又半月形りの箱胴乱にして一つ宛くり出すようにするも世上に多し。是みな早合の正理を取矢いたる者也。右に云十宛付たる早合をたゝみて入旅行に腰に付る俗なり。取納と云は打たる共明き早合に口をせざる者なり、常も同断也。扨早合に玉薬を込て口をいかにも堅すべし、柔らかにすれば薬くたげて悪し、胴乱に玉薬込と云は大なる誤りなり、早合に玉薬込と云也。

一、玉に色々有事

切玉繋玉割玉鎖玉茶筅玉水鳥玉等と云るい也。切玉とは竹の筒え鋳込筒え入程に削玉二つ長ほとに切て二匁五分の筒に用る秤目七八匁になる。凡此重目に応るほどの薬を込打は五匁玉程の玉業はするなり。遠間にては不中四五間にて打ものに玉小さく及がたきに用る也。繋玉鎖玉同物也。是は玉をにつくさり又は糸にてつなぎ玉と玉との間に三寸にもして薬をすこし込近き処え針など一とけ打也。玉両方え別れ針を打切なり、是を下げ針玉なとゝ云。茶せん玉は玉に穴を明け茶せんの如くわらを指打也。近所にて小き物必ず中る等と云。水鳥玉は玉に穴をあけ打也。割玉は玉半分宛鋳て合せ込打也。何も調法なる様にして實なき者也。都而いろ々名ある玉多は初心修行導きの方便而巳仕置ものなり。然るに用に立もの等と誤る事多し、相玉劣玉の二つより外なし。

一、二つ玉と云事

世間にて何に慥に打取る者をば二つ玉を込め打等と云事あり。子細は間近くして打時玉目小さく一放の矢口にて即時に留かたしと思えば二つ込打也。玉窠口を離るゝと横に並行く者なり、然れば矢口二つ明くに依て痛に強く也。取篭りものなど人質を取て居る共など或は猟師鹿を打等に用る事ありヶ様の徳によつて近間に用る事あり、遠間にては曽て不取用なり。依て用方に在のみ無要用也。

一、世間にて楯を打と云う事

是は楯をためすにつき世間にて心得違の有事を云。具足楯等を甲冑下地様しと約を定め打もの也。たとえば番筒に二尺五寸より三尺まで玉目三匁五分劣り玉胴薬も番薬凡一匁二三分にて間数十五間と定め右の約束を打也。不違打留りたる下地を様とす、然るを世上にて打手の方より我慢にて秘事秘法を以て打抜なと丶云、打方之威光を立ること多し、大いなる僻事也。子細は用前専用の所は番鉄砲番薬也。秘具秘薬等外用る事軍の用意に不成也。又長筒相玉を以矢ころ強薬にて我ま丶に打ば通らぬ、楯はなき者なり。此のわけ不分明にて論する事多し、仮令約束之なき楯を様すとも凡右之趣を以てためし者也。

一、挟間明様之事

鉄砲挟間明る定法軍法城築の通なり。先扣木に付けて切者也。塀柱之間を極柱弓手寄添の楯に積り切なり。尤其間え繋く切る事も有、土臺木より高さ寸法大概兵書に出る通尋常の人三里丈け或は武者走りに趺挫をかき居て乳通り丈け等と有。是尤なり定なり。子細は敵味方大概平場の寸法也。此本意不弁にして難する事は誤也。狭間切至極の寸法は口上傳授に有る事也。扨寸法は外郭より堀向矢頃よきよふす第一と切二三の廓より外廓までに掘際矢頃よく打る丶よふに切也。本丸より二三の間右に同じ、本丸は矢間しけく切る二三外廓ほと段々荒く切るもの也。狭間内外八文字に切也。是をしのき狭間と云、塀下迄自由に打る丶よふに切る事専一也。三角なる狭間は虎口角矢倉等の多き場所に切也。故は左右廣く打る丶積なり、勝れて用なし丸狭間にて打れぬと云事はなし。虎口多門により外形の内を打には土臺木に如何にも摺付明けべし。石垣下桝形の内能く打るヽ積なり。平城山城帯廓腰廓追矢等に其要場の能く打るヽ様に心得切事傳受奥意也。又二重挟間と云は虎口に有る者也、明けよふは挟間のあいだに下て明るなり。虎口は人数多く防ぐ故此二重は常にも明け置也。用前之二重は格別也。

大竹坪挟間者大竹を切り塗入置也。急に要害を作る時用るなり。

一、城内挟間より打様之事附り地取挟間飾楯之事

打ようは先つ挟間一つを何人にて守ると積るべし、依て惣挟間かずを兼て知置人数を定むべし。外ぐるは何人に三の丸何程と心得置く事なり。人数夫々配りて敵より打取られぬよふに随分手早ゆ打事也。地取と云は武者走の地形高下不自由無之様に能く拘らし打事也。居ずまい足を組如何にも平坐に居べし、少し腰の落付ほど地を凹めて居れば自由らず堅利よし如此すれば心気落付中りよきなり。挟間飾りと云は稿にてしめの如く成をない下ろして挟間に掛るなり、又陣張等を以てしとみて内を闇くする也。是は敵より内を見透さすくめ也。見透せば面を出し所を敵より打取なり内陰なれば外の見切りも能き也。楯と云は土俵寄せ添に立置也。種ヶ嶌等を打掛る防なり。

一、打て勝場之事

遠き場無益之場早く不可打又は矢頃にしても周章て目付もなく打ことなかれ常に堅く製する所なり、然れとも遠近中り不構一向に勢い甚しく打出す事を云也。故は其せいにて敵之備色付たる所を切り崩の本意なり横夫にも此の心得にて一筋に可打ヶ様之場も敵の強弱實否を考其場を可知事なり。

一、不打して勝場之事

一、横に行者打様之事附り目當見様之事

敵の左右え歩行也。この足並に序破急の三段序は地足破は早し急は速なり。目當見様は常に習す如く目當を見揃て其物之真中に乗る処を二念なく一目見て引也。目付は序ならば中より一挙前破は二挙急は胴の偏なり、物間に遠近中の三つ有、右を以て考べし。遠き者之地足は近き者の破の足を打積なり。

一、馬上打様之事

我乗行也。依て右横行者を打表裏之心得也。我足並の序破急遠近中を考右同事也。馬上にて込替等臺尻三頭之方え置かいこみて込むなり、仕習と手早に打る々なり。

一、腕貫之事

短き腰差の筒など馬上にて取落さぬための緒を付るを云なり。二三十目以上抱筒等臺の中程に穴あり、是を腕貫と云、是え能き程に緒を掛手を通し打也。緒は革を掛け用るがよし也。

一、納之緒之こと

歩行立馬ともに鉄砲を納るには緒にて納る也。左右の手を放し自由に納る也。巻金の下用心金の鋲に環あり、何れ成とも緒を通し窠口より三寸ばかり下にてわなに成る様に留置き窠口右の肩先え出るよふに納置也。取納よふ打出しよふ委は難記口傳、環にては延る事あり。臺株に穴を明通すが丈夫なり、納之緒は太鞁のしらべなと吉也。

一、船打よふの事

船中は膝臺立放ともに舳艫の方え向え打べし。横に向えば倒れるなり。扨立放は左の足強く踏右の足の踵浮し爪立て打は船のゆれ身に少き者也。尤船の行遅速に依て目付横に行く者の心得同ことなり。

一、木陰より打出す時の道具之事

是は木立物陰に伏兵を置第一物見武等を打取らんとする時目當に物掛りて見えぬ時用る具なり。竹の節を抜き前先の目當に掛けて竹の筒の内より見る也。目當の横に穴あり、右の具を緒を付る穴あり。

一、引相心を強く引は後口の事

ひき金を指にて引心持の事なり、故は心にてもたれて強くひけば臺かぶを引て強くひけば臺かぶを引うしろの事

一、指にて強く引は前の事

指にてたるく強くひけば臺を引込故前え切るゝ者なり。

右二ヶ条は心得の直しなり、未熟の内の直し方にてはなし。余程稽古いたりて前後の切など出時用る心得なり。初心の内は害に成也。惣て心の持よう此段にて委し。

一、暑寒雨中越下の子と

土用寒中に不限至て寒暑の節の事也。雨も常之雨にてはなし、五月雨入梅などいふせつの事也。先つ暑には薬はしらぎ玉越すなり。寒雨中は薬りしめり玉下る也。寒は越るほと下らぬ者也。雨中は其日雨降ぬ迚も惣躰水気を含み薬しめる也。格別下る事有るなり。此節別て薬念入べきことなり。

一、筒張様之事

張筒は先つ抱筒等也。張様は鉄を長く延真金えたゝき付合はる也。是廉相なる番筒に用る也。よき筒は右の上を横に巾一寸程の薄金にて巻也。是を巻張といふ種ヶ嶌等念

を入るゝには中巻と云て薬持の所を刃金を以巻其上を返して皆巻なり、右張金鉄に三色あり。山より出たるを留にて沸し上はずみを銑と云なべを鋳に用る也。其次を刃金と云刃に用る也。留のそこに溜りたるを地金と云なり、此金を以て筒を張也。刃金にて上を巻を刃金巻と云。自然に下地より刃金にて仕立るもあり。是を刃金筒と云、刃金は格別強きもの也。

一、臺木の事
臺木は白樫目痛のねばき木吉也。故は日に逢ひ雨にも曲らぬ也。用方随分吟味して用ゆべし。世上にて藤巻龍木ゆ虎生ちゝみ等と云杢の木を用ゆる、見分はよけれ共ゆかみ出来或は横ざけに成り悪し、小筒等は臺につれ狂ふこと有るものなり。

一、金物之事
小筒は無双からくりと云て蟹の目上下に筈の如く有を吉とす。是あだ落せざる也。外記からくり共云。蟹の目なき内からくり等必不用種ヶ嶌はぜんまい内からくりを可用、尤蟹の目半月吉、丸きは不好事小筒平からくりも同意なり。惣躰金物は丸くするか吉、角のあるは當りて痛み悪し。扨鉄砲屋より請取其まゝにて置用ゆれば後に引味違て悪きこと心有者なり。故に臺飾金物を仕込に所々肝要の所余慶なく仕置、依て臺木于過ぎぬは締り等すれば引味違ふ也。余けいする所をよく知て兼て仕置は如何よふの事に逢ても引味難なし直し所口傳なり。

一、かるかの事
白樫目通の割木吉とす。挽木或は杢ある木は日雨に逢ひは曲り或は横ざけして悪しかるか細くなきよふに吟味しべき事なり。

一、大小之筒名所之事

小筒は元口腰窠口也。柑ある筒は柑子口三ヶ所の名所也。柑子は丸柑子芥子角は種ヶ嶌柑子と云。窠口に名ある輪を玉ぶつと云、次を化粧の輪、其次を臺留の輪と云。種ヶ嶌以上大筒等は捻先より跡少し細きもの也。元口薬持腰柑子口と四ヶ処なり。前目当はちきりすかす袖形先目当は杉形将棋頭摺割たんけむ等なり。何も打付目よきを用て吉し。流儀の拵には杉形を定法とする也。有に任せ用る時は何如よふの形にても用るなり。前目當先目当の中にある当を中目當と云、是は町を打時矢倉を掛る臺坐なり。火皿の根を縁と云。扨臺金物等の名所委しくは図にあり可知。

右是迄大概小筒一巻の所也。

第九章　柔　術

柔術は、主として徒手によって相手に対する武術に一種といわれるが、その流派と始祖には、荒木流（荒木無人斎）、起倒流（寺田正重）、渋川流（渋川義方）、制剛流（水早信正）、関口流（関口氏心）、竹内流（竹内久盛）、夢想流（夏原武宗）、揚心流（秋山義時）などがある。

盛岡藩には、関口流、諸賞流、荒木流が伝わった。

第一節　関口流

新心流ともいい、流祖は、関口氏心。慶長三年生まれ、成長して武術に達し、天下の良師を求め諸国を遍歴す。寛文十（一六七〇）年三月七日没す、七十四歳。全性院柔心日了大居士。

○関口彌左衛門氏成（氏心）――関口氏連（氏業）―┬―関口氏英
　　　　　　　　　　　　　　　　　　　　　　　└―広瀬直澄―

―広瀬直定――工藤羽磨允元陳――土川仁和右衛門至親―

松田佐次右衛門英興――中村七郎右衛門光昌――

野澤彦右衛門政詮――佐藤長左衛門次精――野澤続政諟――

谷地忠左衛門秀之

【流儀ヶ條】「関口流柔」　谷地忠左衛門

初心

一、小具足表　十五手

一、立合表　同

中位申渡

一、詰物　十二手

中位

一、傳授　三手

一、取手十手入

一、小具足裏　十五手

免許

一、傳授　五手

一、立合裏　十五手

印可
一、傳授
一、理続
右之通

第二節　諸賞流

最初狐傳流、中頃に観世流夢想傳と称した。流祖は、金森要人に学んだ毛利宇平太國友で観世流二十七代となる。鎌倉時代に彼の武術を源頼朝や諸将が感嘆し、諸賞流と名乗るようにと申渡されたという。中位の位までを諸賞流、印可の位までを孤伝流、印可皆伝の位では観世的真諸賞要眼孤伝流と称した。

盛岡藩での祖は、岡庸重で藩の医師岡友悦の子で江戸に出て諸流を学び、のち鎌倉で石田辰之進定政に学んで印可を受けて諸賞流二一代を許された。武兵衛、のち園右衛門と称し、寛竜軒と号して花巻にて没した。

○藤原鎌足――田村利宗――藤原元吉――名護屋久行―┐
┌――――――――――――――――――――――――――――――┘
└浄光院――源定興――大和守秀時――藤原春久―┐
┌――――――――――――――――――――――――――――┘
└

―藤原秋長―玄印―澤山大学―澤山常秋―

―橘義国―澤山大学―出雲守重政―妙寿院―

―林主膳―林平馬―林帯刀―鳴海雲才―

―藤原兼道―相模守久重―太田織部正―松根利忠―

―秋山主馬―金森伊勢―金森要人―毛利国友―

―木津川正利―木津川成政―毛利春俊―山城守時春―

―平成政―平宗成―加賀守定時―山本寿仙―

―赤間法玄―畑左近―立石権内―立石吉長―

―亀井重助―亀井清三郎―藤原義久―浅野政久―

―葛西国久―藤原秀義―石田定政―岡武兵衛庸重―

中館常政―土川仁和右衛門至親―松田佐次右衛門英興
　米倉悠
堀内市之進―堀内勇記―伊東庄五郎祐高
伊藤保祐貞―伊藤嘉蔵祐純
熊谷治右衛門彌正―川井四郎兵衛影重―大森新之丞富好
永田進親庸―鈴木良右衛門愛東―谷河九兵衛尚英
関源右衛門政軼―菊池勘兵衛寛衆―下田覚之進直義
　太田三平久徹
浦上彼面
一條源治基睹―川井宇兵衛影光―一條兵蔵基之
川井泰右衛門影炳―菊池市太郎―一条基定
中村七郎右衛門光昌―松田茂左衛門英當―江柄九十九次央
　米倉新右衛門

佐藤村太延栄―中村傳右衛門光亮―斗ヶ澤忠之丞孫慶

松橋左太夫寧―中村七郎右衛門光謙―斗ヶ澤末治宜樹

松橋左太夫宗年―澤田直吉定興―高橋権次郎信勝
　　　　　　　└板垣政徳　　　└宮野朝宗

【流儀ヶ條】　「諸賞流和」　川井泰右衛門

一、小具足　二十一ヶ條
一、立合　同
一、取返　同
　　後是隠し手
一、裏　同
一、覚悟
　　但中位
一、仕掛　同
　　但免許下
一、免許　八箇條

一、印可　　二箇條

右之通

「諸賞流和」松橋左太夫

初心

一、小具足槲　　三十四手　左右共

一、小具足表　　三十四手

中位

一、甲冑組付表　七手

一、小具足裏　　三十四手

但貳ヶ條出精に寄手卸仕候

一、立合表　　　三十八手　左右共

免許

一、甲冑組付表　七手

一、立合裏　　　二十一手

一、縄之手　　　八手

但三ヶ條前同断

一、立合槲　　　貳十一手

印可

一、甲冑歩立　　九手

一、小具足変手　二十一手

相続傳
一、立合変手　　二十一手
一、甲冑組付表　二十四手　取分
一、同　裏　　同
右之通

【伝書】『諸賞流中位之巻』（もりおか歴史文化館蔵本）
観世流和表裏三重取方目録
小具足
一、太刀待　　當　貳
一、挨掛　左右　同
一、調子　左右　同
一、踏落　　同
一、羽返　　同
一、水車　　同
一、腕捫　左右　同　壹
一、小詰　　當　貳
一、大詰　　同
一、引捨　　同

一、後返　同
一、奏者取三　同
一、取手　左右　同
一、前脇指　同
一、前詰　左右　同
一、後詰　左右　同
一、左詰　同
一、右詰　同
一、頤捫　前後左右　同
一、髪挟詰　両勝口傳　同
一、貳人詰　左右　同
右貳拾壹ヶ條表取手心取返貳拾壹ヶ條和心裏貳拾壹ヶ條勝術三重秘術可秘云々。
立合
一、行連　左右　當　貳
一、行違　左右　同
一、大殺　左右　同
一、開詰　同
一、鬼神詰　左右　同
一、大小搦　同
一、大渡　左右　當　三

一、小手乱　左右　當　貳
一、推附返　左右　同
一、手髪取　同
一、柄留三　同
一、朽木倒　同
一、大杉倒　當　三
一、山落　左右　當　貳
一、岩石落三　當　三
一、棒椚　左右　當　貳
一、胸取　左右　同
一、前渡　同
一、谷渡　當　不同
一、拍子取　當　三
一、貳人詰三　當　貳
何茂小具足同前可秘云々。
一、真髪挟詰　秘　傳
右之條々令相傳者也。
観世流
大職冠鎌足
田村利宗

戸田左衛門吉久
浅野伊織正久
葛西香益國久
藤巻可良秀義
石田辰之進定政
相州鎌倉鶴ヶ岡廿一代
岡武兵衛庸重
中館判之尉常政
土川仁和衛門至親
松田佐次衛門英興
中村七郎衛門光昌
松田茂左衛門英當
江柄九十九次央
佐藤村太延栄
中村傳右衛門光亮
斗ヶ澤忠之丞孫慶
松橋左太夫宗年
中村七郎衛門光謙
斗ヶ澤末治宣樹
松橋左太夫宗年

明治丁未四十年九月吉辰　澤田直吉定興（花押）印

高橋権次郎殿

【伝書】『諸賞流印可之巻』（もりおか歴史文化館蔵本）

観世的真諸賞要眼狐傳流和是極之巻

表

一、曲尺

情は善にして自明鏡の面に向うごとし。圓中に方寸をあらはしまかれるをけつりて直からしむ。名付て是を曲尺の工と云。

取返

一、乱糸

北晨の全に居く衆星の変を知る手に内外の他なく術に一穴の外なし、故に乱糸の本を尋ぬと云。

裏

一、的當

一調不変にして勝に他なし、瀬を渡るに浅深を計て裳をかゝぐ的當に差別あり、勤て是を知る者也。

中位

一、真髪挟詰

根を知て枝葉を尋其本遠き時は枝の近きより尋て根元に至る。家を知て其人に逢其人に逢て其家に至る。形の至る所気の応に依てなり、故に能極て心法を論ず。

上位

一、妙剱

有は火にまかれ水におぼれ無は全体に以てしるも空なり。故に寒夜に霜を聞が如し、有無に亦明道あり、多年此道を知て行事がたし。明道共に大虚にして初て行事安し傳は其器にして其時用其妙躰は自求て身家をとゝのへ国を治天下を平にする事を知る。

陰手

一、厂金詰

金を以て金を切る、たとへば雪上に霜を置が如し。一躰一色にして亦其名あり。

陽手

一、車返

堅事極て則和す一九共に一に皈る時亦論するに所なし。

和

一、挟掛　一、調子　一、腕捫　一、前脇指

一、前詰　一、後詰　一、左詰　一、右詰

一、頤捫　一、髪挟詰　一、二人詰　一、大殺
一、推附返　一、柄留　一、岩石落　一、胸取

取手

一、踏落　一、羽返　一、水車　一、奏者取
一、取手　一、行連　一、鬼神詰　一、大小搦
一、手髪取　一、朽木倒　一、大杉倒　一、谷渡
一、拍子取

乱

一、小詰　一、大詰　一、引捨　一、後返
一、大渡　一、小手乱　一、山落　一、棒捫
一、前渡

一文字

(図略)

大極動て一陽をなす、陰陽聚く質となる、其一の元は理なり。理は不生不滅にして息なく声なし、言を以て雖云故に暦に鴻濛と云儒家に無極と云釋門に空と云則圓融の儀也。是則天地未分なり。如雞子の渾涬て舎弟を彼の渾涬の内において理生気を気質をなして一徳元水の心をあらわす。此水無波無風湛然空明なれと母理を備く一とならんとす。勢あるを一徳云此勢清陽者は升て天となり重濁者は降て地となる。天地開闔し

て一神あり国常立尊と號す。此神天理地気を傳て質をなす。是一の始也。故に一文字より秘術の萬手を生ず。

気器

一、以也阿

理の以音より起て気の也、音にひらけ阿の質音に位定て其器となる。以也は陽に属して上に位し阿は陰に属して下に通ず。天地和合して術を専にす。

質全

一、一

蟻の臼端をめぐるがごとく一亦一に皈して一躰全。

一、傳受髪挟詰

(図略)

抑當流秘傳有此一巻一秘一妙依令蔵密者天津大和尊逆神意者也。

相州鎌倉鶴ヶ岡二十一代

藤原寛龍軒庸重

中館判之丞常政

土川仁和右衛門至親

松田佐次右衛門英興

中村七郎右衛門光昌

松田茂左衛門英當
江柄九十九次央
佐藤村太延栄
中村傳右衛門光亮
斗ヶ澤忠之丞孫慶
松橋左太夫宗寧

明治三十六癸卯年五月吉辰
宮野栄蔵殿

第三節　荒木流

無人斎流などともいう。流祖は荒木秀綱で、左衛門と称し、名は正応、無人斎藤、白応と号す。藤原勝美、竹内久吉に学び一流を創設。佐々木右京太夫の家臣佐藤国久より花巻に数ヶ月滞留の際相伝して行われたようである。

○荒木無人斎秀綱 ― 荒木村治
　　　　　　　　└ 森勝重 ― 山本勝久
　　　　　　　　　　　　└ 太田義氏 ― 渋谷正頼 ―
― 佐々木信安 ― 遠藤又兵衛 ― 見澤彦右衛門 ―

澤村角兵衛正為――鈴木市右衛門国忠――佐藤平兵衛国久

田中幸七朝陳――上野右門清正

【流儀ヶ條】「荒木流和」　上野右門

一、表小具足　十三ヶ條

一、立合　八ヶ條

一、同　六ヶ條

一、裏小太刀　十五ヶ條

一、同鎌　五ヶ條

一、中極傳授　同

一、免許傳　四ヶ條

一、印可傳　三ヶ條

一、皆傳口述

右之通

第十章　棒術

棒をもって敵を制し、身を守る武術である。棒の手ともいう。

その流派には、荒木流（荒木秀綱）、香取神道流（飯篠長威）、九鬼神流（九鬼隆真）、竹内流（竹内久盛）、無二流（雑賀就宗）、無比無敵流（佐々木徳久）、円流（内田隆恭）、隋変流（脇坂源左衛門）、鹿島流、強波流、矩芳流、神流、高木流、竹生島流、戸田金剛流、人見流、日守流、微塵流、無拍子流、無辺要眼流、力信流などがある。

盛岡藩には、倉馬流、不変流、無辺流が伝わった。

第一節　倉馬流

倉馬は、鞍馬なるべし。起源、系統などは心眼流剣術と同じ。

○藤原前鬼坊（善鬼）――源義経――藤原忠信――藤原祐吉――

――藤原光国――大僧正義運――地蔵院義快――源義遠――

――源義統――源義尭――源茂兼――源長継――

源長景―中原師光―中原師宗―大江泰成―

大江維房―大僧正義鑑―源直常―源直弘―

源範忠―平盛経―平長氏―源氏親―

源氏知―平高定―藤原家守―平通綱―

平綱邦―源国朝―妙覚院―増盛院―

護国院―今村小兵衛―宇治八兵衛―佐藤六衛門―

名久井源兵衛―玉山浅衛門―佐藤建三郎―

土川仁和衛門至房―大川與兵衛

新堀寛司軒忠供―藤田治五右衛門景至―中村惣治郎

【伝書】『倉馬流秘術之巻』（『盛岡藩古武道史』より）

縄葉　図傳　陰陽中　図傳

陽　　　　　　図傳　　　　　中陰　　　　　図傳
真棒附揆大秘術　　　口伝　　口傳大事
一、四方巻棒　　　　口伝　　　　　　　　一、八身之大事　　口伝
一、眼中附大事　　　口伝　　　　　　　　一、腕打大事
一、足打大事　　　　口伝　　　　　　　　一、刄物一番打落之大事
一、一人之敵多勢可有油断不為事　口伝　一、千人詰之敵一人而返術大事　口伝
　九字太刀大事秘伝　口伝
臨兵闘者開陳烈在前　図傳
神烈之在□前大秘術極真心傳一巻雖為秘事依不浅御執心候之早先か在練熟者也。
一、妙剣
一、打刄
右二ヶ条　　秘伝大事
右之條々極真心傳代々唯一人令傳授者也。必不可免他見者也。堅可秘云々。

第二節　不変流

流祖は、岩谷外記義続。盛岡藩初代は秋田藩浪人松枝随龍軒に学んだ斎藤清行（元文年中死去）。不変流は棒術、柔術、長刀術、居合術を併授していた。

○岩谷外記義続──岩谷義柄──松枝随龍軒──斎藤環清行─┐

┌─斎藤兵左衛門清遙──四戸伴右衛門當寛──池田伴蔵光繁─┐

┌─檜山幾之丞隆貢─┬─池田貢光博
　　　　　　　　　└─上村武右衛門──鈴木彌助範衆─┐
└─斎藤紋左衛門邦雅──八木澤木八義幸─┐

┌─斎藤紋左衛門伴寛──長澤傳九郎玄光

┌─太田多見平忠祝──上村分右衛門

【流儀ヶ條】「不変流棒術」上村分右衛門

一、遣太刀　七本
一、連断　壹本
右之通

第三節　無辺流

祖は長崎浪人の斎藤又左衛門勝久、無辺要眼流ともいった。無辺流二代目の大内上右衛門の門人という。天和三年から盛岡藩に召し抱えられ組同心になり、のち秋田領に住したという。

○斎藤又左衛門勝久 ―┬― 椎名頼久
　　　　　　　　　　└― 赤坂(澄)忠政 ― 村井三郎兵衛親義 ―

― 名久井喜三右衛門朝高 ―┬― 名久井惣左衛門愛清 ―
　　　　　　　　　　　　└― 大福院順翁尹清 ―

― 金田一良右衛門義賢 ― 大福院順翁春興 ― 大福院順孝海徴 ―

― 大村與平治為興 ― 長澤直右衛門勝成（泉澤政盈に統合）

― 名久井惣右衛門寛致 ― 西館民右衛門雅知 ― 高瀬重蔵勝永 ―

― 名久井多蔵嘉唯 ― 泉澤清吉政盈 ― 畑中籐吉言度

【流儀ヶ條】「無辺流棒術」　鴨沢舎組名久井多蔵

一、表　十二本
一、裏　同
後是中位以上
一、抜　十本
一、三裏刀　七本
一、半棒　三本
一、小太刀　三手
一、三劔　三本
免許ヶ條
一、抜　五本
一、四裏太刀　同
一、半棒　三本
一、小太刀　三手
一、三劔　三本
印可ヶ條
一、抜　三本
一、長刀　三本
一、三劔　三本
右之通

第十一章　鎌術

鎖鎌の流派には、大草流（大草正重）、心刀流（設楽利敦）、直猶心流（井上猶心斎）、滝川流（滝川正勝）その他静流、荒木流などがあり、多くは他の武術と併用して行行われた。盛岡藩の鎌術は、一圓流が伝わり、長刀術などと併合して行われた。

第一節　一圓流

○藤原鎌足――田村将軍利宗……四戸幸馬政貞――
――横澤武治右衛門高弼――石井善兵衛――横澤周左高春――
――市村伊八郎――石井熊太光海――戸川定之助助順――
――石井直彌義時――徳松君

【流儀ヶ條】「一圓流鎌術」石井安右衛門

一、表索鎌　拾三枚

一、裏鎌組合　十三手
一、詰者組合　三手
中位
一、変手　二十七手
一、鎖鎌　八本
一、小綴　一本
免許
一、見越鎌　三枚
一、長柄鎌　同
一、指膀　一本
一、突棒　同
皆傳
一、四寸鎌　同
右之通

【伝書】『一圓流鎌術中極伝書』（もりおか歴史文化館蔵本）

夫一圓竜学人先誠其意不入邪思横道道之為道事専邪思有時不得勝利縦令常之雖為稽古勝敵之真機争以敵之討虚亦以虚敵之討實誤也。敵未熟成時雖有勝事以虚勝不有道是則呼吸之可討随気成修行等閑難成及事日日切礎琢磨之功績可鍛錬誠哉。以此心修行不止時焉不成就乎夢々不可疑云々。

中傳

一、屈　歌に、屈鎌落迄の気持にて　何つれの鎌も同心ぞ
一、峯形　歌に、峯形や受て留りし其時は　かえしのうてに付て勝べし
一、蜻蛉　歌に、蜻蛉や追て其場をさらすして　来其儘受て勝べし
一、草刈　歌に、草刈や胴を捻て見て据る　廻る太刀をば押て勝べし
一、引合　歌に、引合いかんと敵を向え見る　敵のをごりえ付て勝べし
一、休　歌に、休こそ思わつ敵の切り掛り　太刀のむねをぞ心得て勝
一、手追　歌に、手追や押て見渡る其時は　太刀抜かしら付込て勝
一、馬追　歌に、馬追やをさひの心同なり　二の太刀とると抜て勝べし
一、押懸　歌に、押かけや只一さんに押かけて　ゆるむ頭を當て勝べし
一、諸中　歌に、諸中こそ八方見合付込て　何つれの鎌も同心ぞ
一、披　歌に、披とは敵に身を渡し置き　打太刀しかと押て勝べし
一、霞　歌に、かしみとは敵の抜掛け打時は　霞の間より月をながめん
一、刈落　歌に、苅落いかに〱とせり掛て　鎌え留ると前ふせて勝
一、二人詰

以上　十四箇條

鎖鎌

一、瀧流鎌
一、心體十文字鎌

一、十文字鎌
一、鐵劈鎌
一、八方鎌
一、追懸鎌
一、鎖掛抜

以上七箇條

一、三人詰
一、四人之行連　四方詰とも云
一、小綴之事　口傳
一、早甲之事　口傳
一、車劔之事　口傳
一、道具落之事　口傳
一、心得　歌に、戦場で敵の首あまず取るよりも　味方をしぐら武士の道

以上七箇條

右之條々雖為秘事不残令傳授畢。猥に不可有他言他見者也。一圓流一尺八寸。

大織冠鎌足
田村将軍利宗
四戸幸馬
横澤武治右衛門

石井善兵衛
横澤周左衛門
市村伊八郎
石井熊太
戸川定之助
石井直彌（花押）印

安政二年五月吉辰
徳松とのへ

第十二章　手裏剣術

相手に見えないよう、わからないように隠し持っていることを特色としているため、隠剣術、暗剣術ともいう。流派には、伊賀流、円明流、香取神道流、願立流、甲賀流、白井流、知新流、津川流、根来流、孟淵流、柳生流などがある。

第一節　願立流

流祖は、信州埴科郡東条村長礼の人松林左馬之助永吉といい、文禄二年信州松代に生まれ、願立、無雲と号す。願流、眼流とも書き、無雲流ともいった。夢想願流を夢想権之助に学び、諸国を廻り修行、自得して願立流を称するに至った。伊奈家に仕えていたが、名声を聞いた伊達忠宗に招かれて仙台藩仕え、三百石。寛文七（一六六七）年閏二月朔日没す、七十五歳。

○松林左馬之助
- 松林實俊
- 佐藤喜兵衛 ― 権大僧都法印乗光院
  - 伊東喜内 ― 鈴木重定（三徳流） ― 宇天方七右衛門 ―

権大僧都三明院俊英――中居林城助――三学院智英

菊池嘉傳次

第十三章　総合武術

総合武術を指南し、特に新式兵術を調練したもので、流祖は、平山潜。宝暦七年生れ、行蔵と称し、子竜と字す。軍学（長沼流）、槍術（大嶋流）から剣術、柔術、砲術はもとより武術全般の蘊奥を極め、式法は総て形式に拘束せず実用を主とすべし、と一派を創設した。文政十一（一八二八）年十二月二十四日没す、七十四歳。

第一節実用流

下斗米将真が文化五年江戸に出て平山潜に学び、文化八年師範免許を得て、十年十一月福岡に来て実用流を広めた。

○平山行蔵潜 ─┬─ 平山金次郎行蔵
　　　　　　　└─ 下斗米大作将真 ── 下斗米惣蔵雅教 ─┬─ 下斗米惣蔵雅教
　　　　　　　　　　　　　　　　　　　　　　　　　　└─ 田中館圭右衛門廉政 ─┬─ 下斗米軍七昌言 ── 下斗米知幾昌高
　　　　　　　　　　　　　　　　　　　　　　　　　　　　　　　　　　　　　└─ 国分関吉房壽

【流儀ヶ條】「実用流兵術」　下斗米知幾

鎗

一、長刀合　三本
一、素鎗合　五本
一、鍵鎗　六本
一、長刀　二本
一、左振　五本
一、十文字　同
但十文字鎗目録以上階級之者に稽古為仕候

劔

一、小太刀　九本
一、居合　十一本
一、抜打　十二本
一、野太刀　九本
一、大長刀　五本
但大長刀目録申渡以上に稽古為仕候

練躰

一、手続　二十手
一、威俄　同
一、固メ　十一手
一、組合　十手

一、小具足　　十二手
但小具足目録申渡以上に稽古為仕候
右之通

【盛岡藩武術関係年表】

寛文四年二月十九日、宮田勝盛没
寛文十二年五月七日、砲術家横田為範没（七五）
寛文十三年正月、藤枝宮内『行信流伝書』を伝写
寛文十三年二月二十五日、砲術家中野正富没（七〇）
元禄五年四月、砲術家桂盛政没
元禄七年七月一日、南部行信『心的妙化流』を著す
元禄七年七月、金矢光寿、心的妙化流砲術師範
元禄七年十月、馬術家関定照没
元禄九年八月十九日、砲術家藤田景明没（八三）
元禄十年二月八日、剣術家高野分右衛門没
元禄十二年三月、木幡忠兵衛『新当流鎗歌之巻』を沖弥一右衛門へ伝授
元禄十四年九月二十五日、工藤祐秀、中田勝祐より大坪流馬術印可
元禄十五年十月十一日、藩主南部行直没（六一）
元禄十五年十一月十三日、槍術家富田邦廣没
元禄十六年六月二十三日、剣術、馬術家毛馬内次自没（七五）
元禄十六年六月二十七日、剣術家足澤義道没
宝永元年六月九日、馬術家佐羽内茂忠没（七四）

宝永二年七月二十四日、剣術・砲術家伊藤祐清没（六二）
宝永五年八月十五日、木幡清忠没
宝永七年九月二十八日、砲術家中野正辰没（五四）
正徳二年、兵学家勝木宗徳没
正徳三年十一月、白石義周『新当流剣術巻』を伝写
正徳五年九月十三日、工藤祐仲、工藤祐秀より大坪流馬術印可
享保二年二月十三日、馬術家・砲術家金矢光壽没
享保二年六月、兵学者勝木竜賢没
享保二年七月十三日、成田景継『船積』を戸来嘉内へ伝授
享保二年十月二十四日、砲術家中野正仲没（八一）
享保三年、下斗米昌国、日置流弓術師範
享保三年、棒術家赤坂忠政没
享保五年五月二十一日、槍術家大矢好古没
享保五年八月六日、剣術家安宅勝平没
享保九年八月二十四日、剣術家戸田忠光没
享保九年八月、戸田尚宥、戸田一心流剣術師範
享保十年、佐々木光風『新当流鎗歌之巻』を南部信賀公へ献上
享保十一年十二月、佐々木光風『新当流鎗仕懸之巻』を著す
享保十二年九月十二日、剣術・砲術家大村但次没（七六）
享保十四年十二月、馬術家工藤祐秀没

享保十九年十月、砲術家船越安勝没
享保十九年十一月二十一日、槍術家四戸政芳没（六七）
享保二十年六月四日、馬術家八戸信有没
元文二年十二月、見坊徹岩『押前制法』を小向六郎へ伝授
元文二年、名久井朝高、無辺流棒術師範
元文二年、棒術家村井親義没
元文三年六月十六日、剣術家外岡元達没（八六）
元文三年十月、大嶋供品、工藤祐仲より大坪流馬術印可
元文三年三月十五日、槍術家服部保章没（七一）
元文四年六月、寄木美加、本心鏡智流槍術師範
元文四年六月、大川與兵衛、土河至房より倉馬流棒術免許
元文五年正月、工藤祐英『心強流軍馬口釈』を伝写
元文五年十一月、砲術家奥寺定経没（六五）
寛保元年五月二十一日、弓術家中野光康没（四六）
寛保元年七月、剣術家玉山正雄没
寛保元年十一月二十日、剣術・砲術家大村知陳没（六六）
寛保元年十二月、見坊徹岩『相陣取図』を小向六郎へ伝授
寛保二年二月、勝又清芳『稲富流鉄砲百十三ヶ条』を江刺瀬兵衛へ伝授
寛保二年三月十三日、槍術家矢嶋政孚没（六二）
寛保二年三月十三日、見坊景兼『要門制条鑑』を小向梁へ伝授

寛保二年五月八日、砲術家勝馬田清芳没（四三）
寛保二年六月六日、馬術家佐羽内一明没（七五）
寛保二年六月十五日、見坊徹岩『船積巻』を小向六郎へ伝授
寛保二年六月、見坊徹岩『景英捨書』を著す
寛保二年、槍術家矢巾政孚没
寛保三年三月、大嶋供品大坪流馬術師範
寛保三年七月二十五日、槍術家四戸政明没（四五）
寛保三年八月五日、剣術家白石義周没
寛保三年、弓術家池田實臣没
延享元年二月二十三日、剣術家・槍術家佐々木光風没（七一）
延享二年五月二十七日、兵学、剣術家毛馬内直囿没
延享二年六月十四日、武術家斎藤清行没
延享三年、馬術家工藤祐英没
延享四年八月二十二日、砲術・長刀術家横澤高弼没（六八）
延享四年八月、横澤高春、横澤高弼の跡を継ぎ意明流長刀術師範
寛延元年十月、川村豊直『吉田流弓細工巻』を蛇口六郎左衛門へ伝授
寛延二年三月十三日、見坊徹岩『鉾度切紙遍唄切紙』を小向四郎兵衛へ伝授
寛延二年四月十六日、剣術家米内定矩没
寛延二年五月五日、見坊徹岩『要門極位高上翕堤』を小向四郎兵衛へ伝授
寛延三年五月五日、見坊徹岩『融通三昧』を小向四郎兵衛へ伝授

寛延三年五月、寄木美加、田宮流居合術師範
寛延四年五月、寄木美加、種子島流砲術師範
宝暦元年十月晦日、弓術家石井貞省没
宝暦二年十一月、下斗米小四郎『新当流鎗歌巻』を奥瀬定昌へ伝授
宝暦三年五月十五日、見坊徹岩『摩利支尊天法』を小向才右衛門へ伝授
宝暦四年閏二月十六日、見坊徹岩『七足変唄』『押前制法』を小向才右衛門へ伝授
宝暦四年、横澤高弼、一火流砲術師範
宝暦五年五月二十一日、柔術家熊谷彌正没
宝暦六年、兵学者戸来祐章没
宝暦八年二月二日、兵学家見坊景兼没
宝暦九年十二月十五日、剣術家戸田尚宥没
宝暦九年十二月、太田秀門、戸田尚宥の跡を継ぎ戸田一心流剣術師範
宝暦十年、柔術家中館常政没
宝暦十一年十一月五日、多賀長識、小向才右衛門へ起請文
宝暦十一年、猿賀宣魏、柳生流剣術師範
宝暦十二年正月十三日、平舘勝義、小向才右衛門へ起請文
宝暦十二年四月九日、小向景暁『船制』を小向景紀へ伝授
宝暦十二年閏四月十五日、兵学家矢羽々正武没（七一）
宝暦十三年、剣術家米内定政没
明和三年二月、剣術家藤澤親長没（八二）

明和三年六月、剣術家岩館五郎左衛門没（五三）
明和四年閏九月十六日、槍術家安宅勝興没（五三）
明和四年十月十一日、弓術・剣術家下斗米昌国没（七一）
明和四年十月、下斗米昌豊、日置流弓術師範
明和四年、剣術家向井長職没
明和五年、横澤茂備、柳生流剣術師範
明和六年八月二十三日、剣術家佐羽養将没（六二）
明和六年十二月二十六日、剣術家印東政揚没（七六）
明和七年二月二十日、弓術家横浜慶吉没（六五）
明和八年三月十三日、小向徹岩『玄城巻』『玄城相承聞書』を小向周左衛門へ伝授
明和九年二月二十五日、田口五八郎、小向才右衛門へ起請文
明和九年十月十六日、長刀術家横澤高跋没（六〇）
明和九年、四戸政識、円伝流槍術師範
安永元年十二月、剣術・槍術家寄木義加没
安永元年、箱石義歴、一火流砲術師範
安永元年、名久井愛清、無辺流柔術師範
安永元年、砲術家大村洪中没
安永二年六月十四日、棒術・柔術家名久井朝高没
安永二年八月十四日、兵学家矢羽々景武没（五八）
安永二年、剣術家一條福松没

安永二年、柔術家土川至親没
安永二年、横澤高春、一火流砲術師範
安永三年十一月五日、馬術家佐羽内露啓没（五五）
安永五年四月十三日、剣術家乙茂清房没（七七）
安永五年七月二十日、柔術家土川至房没
安永五年七月、松田英當、諸賞流和師範
安永九年、馬術家大嶋供品没
安永十年三月二十三日、武術家永田親庸没
天明元年六月、古澤康伯『秋月集』を今淵庸へ伝授
天明元年十月五日、馬術家佐羽内實興没
天明元年十一月、松田英興『諸賞流和中位口訣』を松田多美之助へ伝授
天明元年、瀧澤義威、一火流砲術師範
天明二年三月朔日、剣術家日戸秀清没
天明二年八月、小向梁『二百騎陣営』を著す
天明二年九月二十二日、小向景暁、『武見傳』を臼井是八へ伝授
天明二年十一月、松田英興『諸賞流和免許口訣之巻』を著す
天明三年二月八日、剣術家奥瀬定昌没
天明四年三月十三日、弓術家石井綱恩没
天明四年、武術家斎藤清遙没
天明五年二月五日、剣術家太田秀門没（六六）

天明五年二月、太田秀邦、太田秀門の跡を継ぎ戸田一心流剣術師範
天明五年十二月三日、兵学家川口景康没
天明六年三月、江柄次央『諸賞流和中位口訣』を著す
天明六年六月二十八日、兵学家小向景暁没（七〇）
天明六年八月十六日、八幡神社にて流鏑馬神事あり
天明七年二月、小向湛融『獅憤』を小向梁へ伝授
寛政元年二月、小向梁『構配述』を著す
寛政元年四月二十二日、弓術家横浜慶良没（五二）
寛政元年七月、小向景紀『松前陣立図』を著す
寛政元年十二月、福嶋吉邑『新当流鎗目録口訣』を奥瀬定齢へ伝授
寛政三年正月、中村光昌、諸賞流和師範
寛政三年四月二十一日、松田英興『諸賞流和印可口訣』を著す
寛政三年五月八日、剣術家四戸宗温没
寛政三年九月、中村光亮『組合式正傳』を松田武治へ伝授
寛政四年八月二十四日、槍術家古澤康伯没
寛政四年十一月十一日、剣術家永田親盈没（七三）
寛政五年三月二日、砲術家勝馬田清陽没（七四）
寛政六年九月十七日、棒術家大福院尹清没（七〇）
寛政九年十月二十九日、棒術家池田光繁没
寛政十年四月、奥瀬定昌『新当流鎗目録』を野々村重治へ伝授

寛政十年八月、小向梁『単的外筆』を著す
寛政十一年二月十七日、剣術家三浦頭孝没
寛政十一年二月二十九日、柔術家川井影重（七二）
寛政十一年、小嶋満近、円伝流槍術師範
寛政十二年七月二十七日、兵学・剣術家福嶋吉邑没（七〇）
寛政十二年十月五日、棒術・柔術家名久井愛清没（七八）
寛政十二年十一月二十八日、剣術・槍術家寄木嘉豊没（五三）
寛政十二年十二月二十七日、槍術家小嶋満近没
寛政十二年十二月、大巻秀篤、小嶋満近の跡を継ぎ円伝流槍術師範
寛政十二年、剣術家堀江定之丞没
享和元年二月二十四日、伊藤祐清、心的妙化流砲術師範
享和元年五月十六日、槍術家大巻秀篤没（四三）
享和元年六月、大村要積『田宮流居合上手秘術之大事』を神定吉へ伝授
享和元年八月十六日、棒術家四戸當寛没
享和二年二月、小向湛融『卒令因結切紙』を献上
享和二年四月二十一日、柔術家松田英興没（七〇）
享和二年七月十日、柔術家鈴木愛東没
享和三年六月、長嶺将恒、円伝流槍術師範
享和三年十一月二十七日、剣術家猿賀宣魏没（六四）
文化元年五月十七日、砲術・長刀術家横澤高春没

文化元年五月、横澤丹之丞、横澤高春の跡を継ぎ意明流長刀術師範
文化二年、弓術家佐藤次夷没
文化二年、棒術家名久井愛清没
文化三年二月、小向景紀『要門守尊照命文』を献上
文化三年、宮勇右衛門、一火流砲術師範
文化四年二月二十一日、柔術家中村光昌没（六一）
文化四年二月、松田英當、中村光昌の跡を継ぎ諸賞流柔術師範
文化四年七月二十八日、棒術家金田義賢没
文化四年、柔術家大森富好没
文化五年三月九日、槍術家小田代政登没（六七）
文化五年八月二十日、砲術家勝馬田清賓没（六一）
文化五年、柔術家中村光昌没
文化六年三月朔日、棒術家楠山隆資没
文化六年五月、小向梁『要門野乗』を著す
文化六年六月十七日、砲術家鈴木景致没
文化六年六月、野々村雅古『新当流鎗歌之巻』を太田営久へ伝授
文化六年九月晦日、兵学家小向景紀没（七一）
文化八年三月二十四日、荒木田影充、心的妙化流砲術師範
文化八年五月十九日、剣術家米内秀政没
文化八年十月二十日、砲術家奥瀬定職没

文化八年、下斗米将真、平山潜より実用流兵法を師範免許
文化九年二月十三日、柔術家松田英當没（五一）
文化九年三月、小向梁『備矩傳』を小向潜龍へ伝授
文化九年、藤井政刀、柳生流剣術師範
文化十年四月十七日、剣術・槍術家江刈内久豊没（八三）
文化十年九月二十日、砲術家箱石義暁没（八五）
文化十年十月十八日、砲術家箱石義繁没（六〇）
文化十年、砲術家大村治五平没
文化十一年十一月八日、槍術家今渕彌助没（六二）
文化十一年、金田義賢、無辺流柔術師範
文化十二年正月二十一日、村松高寛、村松高遠より大坪流馬術印可
文化十二年二月五日、剣術家太田秀邦没（七五）
文化十二年二月、太田忠義、太田秀邦の跡を継ぎ戸田一心流剣術師範
文化十二年七月二十九日、砲術家切田親隆没
文化十三年正月十一日、剣術家横澤茂備没（六三）
文化十三年正月、中村光亮『諸賞流和秘伝必勝覚悟秘極』を著す
文化十三年、砲術家伊藤政緻没
文化十四年三月朔日、弓術・砲術家瀧澤義威没（六六）
文政元年十二月二日、斎藤邦雅没（五七）
文政二年三月七日、鈴木豊貫、楮去久米司へ五音流剣術免許

文政二年八月二十六日、槍術家奥瀬定齢没（七七）
文政二年九月二十三日、弓術家下斗米昌豊没
文政二年九月、下斗米昌興、日置流弓術師範
文政二年十二月、野々村雅古『新当流鎗術印可口述目録』を太田営久へ伝授
文政二年十二月、野々村雅古『新当流鎗術印可口述目録』を苫米地清五郎へ伝授
文政三年正月六日、槍術家古澤康命没（六三）
文政三年五月十四日、剣術家横浜慶致没
文政三年五月、小向梁『要門極位高上翕堤』『要門制条鑑』を小向四方八へ伝授
文政四年正月二十一日、村松徳高、村松高寛より大坪流馬術印可
文政四年二月、野々村雅古『新当流鎗業目録』を太田三平へ伝授
文政四年、田中館廉政、実用流師範
文政五年五月、野々村雅古『新当流鐺口伝目録』を田鎖三司へ伝授
文政五年七月、荒木田景充『心的妙化流砲術手鑑』を長嶺続へ伝授
文政五年八月二十九日、兵学家下斗米将真没
文政五年十一月、小向梁『押前制法』を信親公へ献上
文政五年、中嶋常道、一火流砲術師範
文政五年、砲術家長山房衆没
文政六年三月、小向梁『備矩傳』を信親公へ献上
文政六年四月二十五日、柔術家江柄次央没（六〇）
文政六年五月十八日、槍術家村角重形没（七三）

文政六年五月二十日、柔術家川井影光（五二）
文政七年正月二十三日、剣術家四戸宗保没
文政七年二月、小向梁『備立決得』を小向胤次へ伝授
文政七年五月、牧田成弓、心眼流剣術師範
文政七年閏八月二十八日、兵学家小向梁没（六三）
文政九年正月十日、槍術家野々村雅古没（五九）
文政九年五月、臼井健将『卒令因結切』を献上
文政九年六月、臼井健将『七足変唄之巻』を献上
文政九年七月、臼井健将『遍唄切紙』を献上
文政九年七月、村松徳高『大坪流辻書』を献上
文政九年八月四日、剣術家石川昌紀没（六六）
文政九年八月、臼井健将『鉾度切紙』を献上
文政九年九月、小向梁『要門恰配秘奥集』を著す
文政九年十月、臼井健将『勝健之巻及び古註』（八冊）を栃内逢吉へ伝授
文政九年十一月十八日、馬術家佐羽内一常没
文政九年十一月、臼井健将『備立決得』『城取切紙』を献上
文政九年十一月、牧田平馬『心眼流剣術巻』を利済公へ献上
文政十年正月二十日、兵学家小田嶋景卿没
文政十年二月晦日、兵学家臼井健将没（六三）
文政十年二月、安宅光博『鎌道初学問答集』を利済君へ献上

文政十年三月、臼井健将『虎豹巻』『船制巻』を献上
文政十年三月、安宅静容軒『鎌道初学問答集』を八戸末人へ伝授
文政十年四月、土岐義知『吉田流弓道』を伝写
文政十年五月、臼井健将『要門制条鑑』を献上
文政十年五月、村松徳高『大坪流馬之絵図』『大坪流手綱秘伝書』などを利済公へ献上
文政十年閏六月五日、鈴木小市『日置流弓道伝書』を一条金平へ伝授
文政十年九月十六日、剣術家牧田成弓没（五〇）
文政十年十月十三日、砲術家中島常道没（四〇）
文政十年十一月十六日、弓術家石井綱伴没
文政十年、柔術家谷川尚英没
文政十一年正月六日、馬術家村松徳高没
文政十一年正月晦日、棒術・柔術家名久井寛致没
文政十一年正月、都築高安、村松徳高の跡を継ぎ大坪流馬術師範
文政十一年二月二十一日、槍術家臼井隼太没
文政十一年二月、西館雅知、名久井寛致の跡を継ぎ無辺流柔術師範
文政十一年、武術家平山行蔵没
文政十二年三月十二日、関政牧『諸賞流伝授巻』を太田久徹へ伝授
文政十二年六月二十八日、弓術家横浜慶宝没（六〇）
文政十二年十一月十一日、砲術家勝馬田清宜没（七二）
文政十三年正月十四日、剣術家一条以忠没（八六）

文政十三年正月十五日、棒術家石井光博没（五六）
文政十三年正月二十五日、馬術家村松高達没
文政十三年三月十八日、馬術家佐羽内明矩没
文政十三年四月十八日、柔術家野澤政詮没
文政十三年、馬術家佐羽内勝徳没
天保元年九月十九日、弓術家鈴木舎雅没
天保二年正月七日、剣術家藤井政方没（六八）
天保二年正月、猿賀慶備、藤井政方の跡を継ぎ柳生流剣術師範
天保二年四月、太田茂右衛門『押前制法』を太田久徹へ伝授
天保二年、柔術家一条基之没
天保三年二月、戸来秀包、都築高安より大坪流馬術印
天保四年五月十七日、棒術家大福院春興没（七三）
天保四年七月十二日、剣術家一條基誠没
天保四年十一月九日、剣術家横浜慶繕没（七〇）
天保四年、兵学者向井光昇没
天保五年正月、小向潜龍『要門極位高上翕堤』を栃内与兵衛へ伝授
天保五年五月二十六日、剣術家根市貢没
天保五年八月二十七日、剣術・槍術家寄木嘉教没（五七）
天保五年十一月、大矢房則、心眼流剣術師範
天保五年、菅久寛、一火流砲術師範

天保五年、剣術家中野舎人没
天保六年四月八日、剣術家佐々木寛綱没（七八）
天保六年七月十五日、柔術家中西隆尚没（六四）
天保六年八月十二日、弓術・砲術家鈴木嘉忠没（五八）
天保六年九月二十一日、中西隆英、大和流剣術師範
天保六年十一月、中村弘馬、東軍新当流剣術師範
天保六年、砲術家高橋吉親没
天保七年二月二十二日、弓術家瀧澤義気没（五〇）
天保七年十一月二十日、剣術家太田忠義没（六九）
天保七年十一月、中村貞宣、太田忠義の跡を継ぎ戸田一心流剣術師範
天保七年十二月、山田募、新当流槍術師範
天保八年四月二十八日、剣術家米内貞則没（五五）
天保八年八月六日、棒術家八木澤義降幸没
天保八年九月二十九日、槍術家下田栄隆没（七四）
天保九年三月、横浜慶恵『弓馬秘説』を伝写
天保九年四月二十五日、剣術家中村貞宣没（六三）
天保九年四月二十六日、弓術家池田久儀没（六六）
天保九年四月、長嶺将高、中村貞宣の跡を継ぎ戸田一心流剣術師範
天保九年四月、小向梁『要門秘訣』松内逢吉へ伝授
天保九年閏四月、小向梁『車懸』を栃内逢吉へ伝授

天保九年五月二十八日、棒術・柔術家西館雅知没（七〇）
天保九年八月二十日、佐藤延栄『諸賞流免状』を松橋左守へ伝授
天保九年、高瀬勝永、無辺流柔術師範
天保十年九月晦日、槍術家太田営久没（五八）
天保十年十月二十日、剣術家一條基昵没（七七）
天保十年、大村為興、無辺流柔術師範
天保十年、兵学者藤本景機没
天保十一年二月九日、馬術家都築高安没
天保十一年五月九日、柔術・棒術家大竹為興没
天保十一年七月十七日、柔術家佐藤延栄没
天保十一年七月十八日、兵学・砲術家荒木影充没（七七）
天保十一年十月八日、荒木田景寿、心的妙化流砲術師範
天保十一年、鈴木雅保、円伝流槍術師範
天保十二年正月十日、馬術家村松高寛没（八五）
天保十二年正月、根井判左衛門、心眼流剣術師範
天保十二年二月二日、兵学家長谷川景智没（五七）
天保十二年四月四日、剣術家関新兵衛没（七二）
天保十二年四月、太田茂左衛門『新当流鎗歌之巻』を太田三平へ伝授
天保十二年六月十六日、剣術家松岡重威没（五九）
天保十二年、名久井嘉唯、無辺流柔術師範

天保十三年五月二日、砲術家菅久寛没
天保十三年五月、横浜慶恵『一和流馬術中極之次第』を伝写
天保十三年八月十日、兵学家中原景穀没（六二）
天保十三年八月、荻野長『五大法後重深決』を栃内逢吉へ伝授
天保十三年九月、中村弘馬、心眼流剣術師範
天保十三年十一月、栃内逢吉『納煎切紙口訣』を著す
天保十三年十二月二十五日、弓術家四戸武英没
天保十三年十二月、栃内逢吉『五大法前後口訣並諸秘訣』を著す
天保十三年、槍術家安宅光博没
天保十三年、工藤光忠、一火流砲術師範
天保十四年二月二日、棒術家大福院海徴没（五五）
天保十四年三月二日、棒術家高瀬勝永没（七七）
天保十四年九月二十六日、大村次忠、高島流砲術皆伝
天保十五年四月二十八日、松橋宗年、諸賞流印可
天保十五年四月、栃内逢吉『押前制法』を鐵五郎君へ伝授
天保十五年五月、栃内逢吉『七足変唄』を鐵五郎君へ伝授
天保十五年七月、栃内逢吉『武見傳口訣』『備矩傳』を献上
天保十五年八月十六日、剣術家中野政治没（六四）
弘化元年二月十日、剣術・槍術家下河原恒詮没
弘化二年正月十四日、長嶺将恒『機巧練糸抄』を長嶺七之丞へ伝授

弘化二年三月二十五日、棒術家鈴木範衆没（五六）
弘化二年四月、田鎖政方、円伝流槍術師範
弘化二年五月朔日、剣術家江本八左衛門没（六七）
弘化二年六月十六日、槍術・砲術家米田義忠没
弘化二年九月七日、兵学者新渡戸痴翁没（七六）
弘化三年正月、大村次儀、高島流砲術師範
弘化三年二月、栃内逢吉『因結采幣切紙』を献上
弘化三年五月二十三日、槍術家田鎖政方没
弘化三年五月、戸来秀包『大坪流乗方和歌』『秀幸論』を謹敦公へ献上す
弘化三年閏五月二十七日、砲術家下條義光没（七〇）
弘化三年九月九日、広小路にて鬮的置的を執行
弘化三年九月、下斗米昌興『吉田流矢之書』などを謹敦公へ献上
弘化三年十月十九日、槍術家鈴木雅保没（八六）
弘化三年十月、横浜慶恵『一和流目録十ヶ条』『相馬夢明秘書』を伝写
弘化三年十一月、栃内逢吉『軍礼』（七冊）を献上
弘化三年十二月八日、柔術家関政軼没
弘化三年、剣術・砲術家大村次忠没
弘化四年二月十四日、槍術家太田政盈没（五四）
弘化四年五月七日、剣術家上関光定没
弘化四年五月八日、横浜慶恵『一和流爪髪切様之次第』を伝写

弘化四年五月十一日、剣術・砲術家下田秀虎没（六八）
弘化四年五月二十六日、柔術家中村光亮没（六二）
弘化四年五月、横浜慶恵『一和流三礼之乗方』『馬医心得』を伝写
弘化四年七月九日、横浜慶恵『一和流段之歌口解』を伝写
弘化四年八月十四日、剣術家江釣子政高没
弘化四年八月、戸来久人『大坪流手綱秘伝書』『大坪流中巻』などを謹敦公へ献上
弘化四年九月、荒木田辰之進『心的妙化流小筒之巻』を土川吉弥へ伝授
弘化四年十月、横浜慶恵『作鞍四方曲尺』『一和流百曲』『馬形目利旋書』を伝写
弘化四年十二月、横浜慶恵『覈鞭集聞書』を伝写
弘化四年、中野政昇、一火流砲術師範
弘化五年三月、栃内逢吉『船積』『鉾度切紙』を献上
弘化五年六月、栃内逢吉『備立決得之巻』『虎豹之巻』『城取切紙』『船制』を献上
嘉永元年三月二十八日、石井義時、意明流居合術師範
嘉永元年三月、寄木嘉学、田宮流居合、本心鏡智流槍術、種子島流砲術師範
嘉永元年四月十九日、槍術家長嶺将恒没
嘉永元年五月十八日、横浜慶恵『曲馬之傳』を伝写
嘉永元年十月二十三日、横浜慶恵『一和流口伝書』を伝写
嘉永元年十月、栃内逢吉『城図合雄志』を著す
嘉永二年正月十九日、横浜慶恵『要馬秘極集』を伝写
嘉永二年二月、工藤光尚『炮術秘伝書』を著す

嘉永二年三月、栃内逢吉『要門制条鑑』『勝健之巻』『五大法』『獅憤』を献上
嘉永二年九月四日、剣術家安宅依勝没（五三）
嘉永二年立秋、金矢光春『行巻睡蝶記』を著す
嘉永二年十月四日、馬術家佐羽内明生没
嘉永二年十月二十七日、剣術家白浜廣富没
嘉永二年十二月、下河原廣恒、白浜廣富の跡を継ぎ田宮流居合術師範
嘉永二年、軍学者円子亀義没
嘉永三年三月、寄木嘉学、田宮流居合術師範
嘉永三年五月、横浜慶恵『一和流駿馬七段伝書』を伝写
嘉永三年六月二日、柔術家野澤政諟没
嘉永三年九月一日、横浜慶恵『大坪流鹿足之次第』を伝写
嘉永四年正月、田鎖高行、謙信流兵学免許皆伝
嘉永四年四月十三日、剣術・棒術家上村武右衛門（七一）
嘉永四年五月十五日、横浜慶恵『徒鞍流馬書』を伝写
嘉永四年六月、山田募、稲富流砲術師範
嘉永四年、小山田義嗣、一火流砲術師範
嘉永五年五月二十二日、弓術家下斗米昌興没（七〇）
嘉永五年五月、下斗米昌志、日置流弓術師範
嘉永五年六月十六日、蓬莱馬場にて矙的置的を執行
嘉永五年十二月二日、横浜慶恵『一和流馬術秘中秘』を伝写

嘉永五年十二月、金矢光春、宝蔵院槍術師範
嘉永六年十月三日、砲術家神子田忠成没
嘉永六年、軍学者小田嶋景起没
嘉永七年正月九日、石井義時、赤松流砲術師範
嘉永七年初秋、下斗米昌志『射礼矢開』『奉射的』『琴玉和歌集』を利剛公へ献上
嘉永七年十月十九日、槍術家今渕政識没（八一）
嘉永七年十一月九日、横浜慶恵『一和流馬上業』を伝写
嘉永七年十一月二十九日、横浜慶恵『馬目明之書』を伝写
嘉永七年、兵学者川口秀栄没
嘉永七年、柔術家菊池寛衆没
嘉永七年、長嶺将高、円伝流槍術師範
安政元年、兵学者藤枝秀栄没
安政二年四月十四日、藩主南部利済没（五九）
安政二年四月二十七日、横濱慶恵『心強一流軍馬釈書』を伝写
安政二年四月、鈴木恰『角前稽古聞書』を南部壱岐へ伝授
安政二年四月、石井義時『秘術法虎之巻』を徳松殿へ伝授
安政二年五月、石井義時『一圓流鎌術中極』を徳松殿へ伝授
安政二年八月二十六日、馬術家佐羽内實紀没
安政二年、中村義教、柳生流剣術師範
安政二年、兵学者小向胤政没

安政三年三月、明義堂にて実用流初めて上覧
安政三年六月六日、弓術家下斗米昌志没（四五）
安政三年六月、下斗米昌道、日置流弓術師範
安政三年七月二日、武術家斎藤伴寛没（六三）
安政三年八月、槍術家野々村雅知没（六一）
安政三年十一月二十八日、柔術家斗ヶ澤孫慶没（五七）
安政三年十一月、遠山則明、大和流剣術師範
安政四年二月、澤田定堅『荻野流伝書』を伝写
安政四年三月、長刀術家荒木田等没
安政四年三月、栃内逢吉『武門要鑑抄』（二十二巻、十冊）を献上
安政四年八月二十四日、砲術家石光治没（七七）
安政四年十一月二十三日、横浜慶恵『大坪流雲霞集』を伝写
安政五年二月、石井義時『赤松流砲術免許序』を伝写
安政五年三月十五日、剣術家米内貞卿没（七五）
安政五年五月、田鎖三司、野々村雅古より新当流槍術免許
安政五年五月、中村光謙『和秘傳書』を著す
安政五年八月三日、柔術家下田直義没（四八）
安政五年十月十四日、槍術家今渕政応没（六二）
安政五年十一月十四日、兵学家田中廉政没（七四）
安政六年四月、栃内逢吉『押前制法』を太田平市へ伝授

安政六年五月二十一日、槍術家高橋愛貴没（七三）
安政六年六月十一日、槍術家金矢光春没（八一）
安政六年七月、栃内逢吉『押前制法』を太田平市へ伝授
安政六年十月十五日、剣術家久保田秀勝没（六六）
安政六年十一月、一条基武心眼流剣術師範
安政六年十二月十日、馬術家村松高光没（四五）
安政七年三月、白石宣門『新当流鎗業目録』を太田猶次へ伝授
元治元年七月朔日、剣術家中野寛長没（八六）
万延元年六月、栃内逢吉『要門因結切紙』を太田平市へ伝授
万延元年九月六日、砲術家梅田景備没
文久元年三月、栃内逢吉『遍唄切紙』を太田平市へ伝授
文久元年六月二十九日、長刀術家戸川助順没（五六）
文久二年正月十七日、槍術家白石宣門没（五二）
文久二年五月、栃内逢吉『要門鋒度切紙』を太田平市へ伝授
文久二年六月八日、砲術家工藤光忠没（八二）
文久二年七月二十八日、剣術家大矢房則没（七二）
文久二年、柔術家中村光謙没
文久三年五月二十七日、弓術・砲術家鈴木嘉一没（五三）
文久三年六月四日、柔術家中西隆英没（五九）
文久三年六月十六日、剣術家外岡元達没（八六）

文久四年三月十四日、砲術家中野清昇没（七一）
文久四年、軍学者野田景薫没
元治元年五月二十九日、蓬莱馬場にて鼉的置的を執行
元治元年六月六日、剣術家石川昌啫没（六四）
元治元年九月十七日、剣術家猿賀慶備没（八五）
元治元年、軍学者長谷川景智没
慶応元年五月十二日、槍術家出石政鄰没（六二）
慶応元年十一月十日、槍術家船越豊久没（七〇）
慶応元年、武術家永田親備没
慶応二年八月、栃内逢吉『操練録』（十巻三冊）を著す
慶応二年十二月、倉舘理兵衛『大坪流乗方和歌』などを彦太郎公、英麻呂公へ献上
慶応二年、軍学者向井長威没
慶応二年、武術家下斗米雅教没（七六）
慶応三年十月九日、棒術家太田忠祝没（七九）
慶応三年十二月二十四日、剣術家新渡戸常訓没（四八）
明治元年正月十三日、剣術・砲術家大村次儀没（四九）
明治元年八月七日、剣術家一條基武没（六七）
明治元年八月二十七日、馬術家佐羽内吉治没
明治元年九月五日、剣術家村木千之丞没
明治元年九月、太田久徹『新当流鎗目録』を中村均八郎へ伝授

明治二年正月二十三日、兵学・砲術家荒木景寿没（八二）
明治二年二月十五日、剣術・槍術家長嶺将高没（七二）
明治二年三月、太田久徹『新当流鎗目録』を中村均一郎へ伝授
明治二年三月、太田久徹『新当流鎗業目録』を樽山涛之助へ伝授
明治二年七月十八日、砲術家荒木景隆没（五一）
明治二年九月二十八日、砲術家桜井経徳没（六五）
明治二年十一月十九日、剣術家伊藤祐宗没（五〇）
明治二年、馬術家福田興仁没（五八）
明治三年八月八日、棒術・柔術家名久井嘉唯没
明治三年十一月十五日、剣術・棒術家上村分右衛門没（五七）
明治三年、作人館昭武所にて武術大会を開く
明治四年一月四日、柔術家一條基之没
明治四年一月四日、剣術・柔術家川井影炳（七五）
明治四年五月十九日、柔術家上野清正没（六八）
明治四年七月二十五日、宮野栄蔵『諸賞流和中位免許口訣』を伝写
明治四年九月二十七日、馬術家戸来秀包没（六五）
明治四年十二月十三日、馬術家四戸宗燕没（六二）
明治四年、弓術家下斗米昌道没（七一）
明治五年五月、佐藤親長『新当流鎗免状』『新当流鎗歌之巻』を中村均八郎へ伝授
明治五年五月、佐藤親長『新当流鎗歌之巻』『新当流兵法印可巻』を太田平市へ伝授

明治五年九月朔日、砲術・長刀術家小山田義嗣没（七三）
明治五年十月二日、剣術家漆戸茂樹没（八四）
明治六年五月十七日、棒術家長澤勝成没
明治六年六月十一日、槍術家太田久徹没（六四）
明治六年八月十七日、剣術家足澤正中没（六二）
明治六年、槍術・砲術家寄木嘉栄没
明治七年、剣術・槍術家菊地政行没
明治八年三月十四日、砲術家石井義時没
明治八年六月二日、砲術家太田代忠助没（八三）
明治八年、槍術家下田栄隆没
明治八年、柔術家菊池市太郎没
明治九年四月十八日、兵学家栃内逢吉没（七六）
明治九年六月三日、馬術家四戸源次郎没
明治九年九月十七日、槍術家安村政禮没（六七）
明治九年、柔術家斗ヶ澤宣樹没
明治十年三月二十八日、弓術家石井綱方没
明治十一年三月二十二日、兵学家下斗米昌高没
明治十一年四月十日、軍馬術家蟇目政陽没（六八）
明治十一年九月三日、剣術家小泉成裕没（八七）
明治十一年、槍術家奈良真令没

明治十二年三月十七日、剣術家石亀司没（七五）
明治十二年三月十八日、剣術家大村次因没（六八）
明治十二年八月二十二日、棒術家長澤玄光没（七五）
明治十二年十一月一日、中村光謙、諸賞流柔術師範
明治十二年十一月八日、弓術家横浜慶賴没（六三）
明治十二年十二月十六日、剣術家菊地重政没（五三）
明治十三年十月二十八日、柔術家浦上彼面没（六八）
明治十四年八月十五日、剣術家中村弘馬没（七九）
明治十五年三月九日、馬術家佐羽内明徳没（五五）
明治十五年八月十一日、剣術・砲術家山田募没（七八）
明治十五年、柔術家泉沢政盈没
明治十六年十月三日、剣術家下河原廣恒没（九〇）
明治十六年十一月十三日、弓術家・剣術家赤澤吉英没（八三）
明治十七年一月一日、柔術家中村光謙没（五七）
明治十七年一月十六日、柔術家谷地秀之没（七八）
明治十七年二月十五日、剣術、砲術家下田秀實没
明治十七年、剣術家大石斎民没
明治十八年五月三十日、弓術家・剣術家赤澤吉徳没（五三）
明治十九年1月八日、剣術家石井石亀景廣没（八八）
明治十九年二月十六日、剣術家三浦頭富没（七八）

明治十九年十一月二十六日、柔術家遠山則明没
明治二十年五月十日、剣術家和歌浦栄順没（七〇）
明治二十一年十月八日、剣術家村井常務没（六九）
明治二十一年十一月十一日、剣術家中村義教没（八五）
明治二十一年、柔術家松橋宗年没
明治二十二年三月二十二日、剣術家横堀親尊没（八九）
明治二十二年十二月十七日、槍術家青木秀實没（六五）
明治二十三年旧九月二十四日、武術家一方井義忠没（八五）
明治二十四年、剣術家上村又蔵没
明治二十五年、槍術家佐藤親長没
明治二十六年、兵学者見坊景聴没
明治二十七年一月三十一日、剣術家栃内吉重没（七七）
明治二十七年、剣術家四戸義信没
明治二十七年、弓術家沢田定清没
明治二十八年二月十三日、兵学家奥瀬元且没
明治二十八年、馬術家三浦頭喜没
明治二十九年十月三十日、旧藩主南部利剛没（七一）
明治二十九年、剣術家、柔術家一條基定没
明治二十九年、武術家国分房壽没（六二）
明治三十一年六月六日、剣術家船越湊没（七七）

明治三十四年三月二十九日、砲術家大嶋高任没（八二）
明治三十五年九月、松橋佐太夫『秘極巻』を赤石久蔵へ伝授
明治三十六年五月、斗ヶ澤宣樹『諸賞流中位之巻』を宮野栄蔵へ伝授
明治三十六年八月、野々村真澄『新当流鎗術印可口述目録』を中村貞へ伝授
明治三十六年十月十九日、旧藩主南部利恭没（四九）
明治三十七年一月二十日、柔術家松橋宗年没（八九）
明治三十九年四月八日、柔術家斗ヶ澤宜樹没（七二）
明治四十一年二月二十九日、剣術家野田正雄没
明治四十一年三月二十九日、板垣政徳、諸賞流師範
明治四十一年五月二十五日、宮野朝宗『諸賞流和中位口訣』を伝写
明治四十一年五月二十七日、宮野朝宗『術法覚悟歌之巻』を著す
明治四十一年六月十日、宮野朝宗『諸賞流和免許口訣之巻』を伝写
明治四十一年六月十三日、宮野朝宗『諸賞流和印可口訣』を伝写
明治四十一年六月、宮野朝宗『諸賞流和軒目録』を赤石久蔵へ伝授
明治四十一年七月一日、宮野朝宗『組合式正傳』を伝写
明治四十一年七月三日、宮野朝宗『諸賞流和相続傳目録』を赤石寛信へ伝授
明治四十二年六月二十八日、宮野朝宗『諸賞流免許目録』を高橋権次郎へ伝授
明治四十三年、柔術・棒術家畑中言度没

参考文献

『岩手県姓氏歴史人物大辞典』　角川書店　平成十年刊
『小笠原一族・奥瀬氏』　石坂美也男　平成十九年刊
『弓道講座』　雄山閣出版　昭和十二年〜十六年刊
『参考諸家系図』　五冊　国書刊行会　昭和六十年刊
『手裏剣術』　染谷親俊　愛隆堂　平成十三年刊
『諸流儀之條』　一冊　写本　もりおか歴史文化館蔵
『日本武術名家傳』　飯島唯一　明治三十六年刊
『日本武道大系』　十冊　同朋舎出版　一九八二年刊
『藩史大事典』　木村礎・藤野保・村上直　昭和六十三年〜平成二年刊
『武芸流派大事典』　綿谷雪・山田忠史　昭和五十三年刊
『盛岡藩古武道史』　改訂増補版　一冊　尚武館道場　昭和三十三年刊
『盛岡市史』　近世期上　三　盛岡市史編纂委員会　昭和四十四年刊

あとがき

近世の郷土史および文化を研究している中で、今回は「盛岡藩の武術」をまとめてみました。専門外のこともあって難儀しましたが、現地の墓石なども調べて一応纏めることが出来ました。

資料も虫食いの所など不明な箇所もあり、勉強不足もあって完璧では有りませんし、多くの課題が残ります。入門的な物ですので、今後の研究者などに期待するところです。

郷土史としては勿論のことですが、伝書などを現在の文字にして残す事で、これからの研究もし易くなりますし、武道の世界（体育的ばかりでなく、精神文化的なものも含めて）の一端でも理解して、武道を志す人の指針にもなっていただければ幸いです。

また、（災害などにより資料などが皆無に成らないうちに）、武道文化の一部分でも残したいものです。是非とも資料をお持ちの方よりの資料提供、郷土史家等による更なる研究を期待してやまない。

最後になりましたが、この稿をまとめるにあたり、岩手県立図書館、もりおか歴史文化会館より資料の閲覧提供など、大変お世話になりました。改めて御礼申し上げます。

【著者略歴】

昭和十五年九月日立市に生まれ、三十八年千葉大学教育学部を卒業し、茨城県立日立第一高等学校（母校）、のち県立水戸工業高等学校教諭。平成十二年三月定年退職し、私立翔洋学園高等学校教諭、県立海洋高等学校及び那珂湊第二高等学校講師を勤む。弓道は昭和三十四年四月千葉大学弓道部に入り大木賢三師範に学び、副主将をつとめる。郷里で高校教員となり、中野慶吉範士などに指導を受け、茨城県高体連弓道水戸地区委員長、茨城県教職員弓道連盟理事などをつとめた。

現在、茨城県郷土文化研究会（副会長）、全日本弓道連盟（弓道教士六段）、日本数学史学会、日本武道学会（弓道専門分科会）会員。

著書には『弓道書誌研究』（私家版、十二冊）

『弓道人名大事典』（日本図書センター）

『日本弓道史料』（太陽書房、第十巻迄刊行）

『日本数学者人名事典』（現代数学社）

『水戸徳川家の武術』（太陽書房

『笠間藩の武術』『庄内藩の武術』『古河藩の武術』『秋田藩の武術』（以上、ツーワンライフ出版）など。

盛岡藩の武術

発　行　平成27年3月31日　第一刷発行
著　者　小野﨑 紀男
　　　　〒310-0046 茨城県水戸市曙町8番13号
発行所　有限会社ツーワンライフ
　　　　〒028-3621 岩手県紫波郡矢巾町広宮沢10-513-19
　　　　☎019-681-8121　FAX.019-681-8120

ISBN978-4-907161-45-3